Criar a niños pequeños

Una guía para usar la disciplina positiva y criar a niños con buena autoestima, con consejos para enseñarle a dormir solo, controlar los berrinches, y enseñarle a usar el baño

Índice

Introducción

Imagine un hogar con niños felices que escuchan a sus padres y no se portan mal. Un hogar donde nadie debe levantar la voz, y todos son felices. Este libro le dará toda la información necesaria para convertir este pensamiento feliz en realidad. Criar a un niño no siempre es fácil, no importa cuánto amor le tenga a su pequeño. No existe un método único que sirva para todos los niños. A veces, uno desearía que su pequeño viniera con un manual de instrucciones. Desgraciadamente, no pasa.

Ser padre es quizás uno de los papeles más memorables, dinámicos y emocionantes que haya interpretado. Ser padre es gratificante y fructífero, pero puede ser difícil. Los padres no tienen un entrenamiento formal antes de ser responsables de los niños. También puede ser un poco abrumador y desalentador. Incluso los mejores requieren algo de apoyo. Bueno, puede estar tranquilo porque este libro tiene toda la información necesaria para comprender la crianza positiva y criar a un niño bien educado, feliz y seguro.

Con este libro, comprenderá el desarrollo de su hijo pequeño, el significado de la disciplina positiva y su importancia, y conocerá consejos y sugerencias para comenzar con la crianza positiva. También descubrirá consejos útiles y prácticos para entrenar a su hijo para usar el baño y para la hora de dormir. Además, aprenderá a lidiar con los berrinches de su hijo, a corregir cualquier mal comportamiento y a ayudarle a crear hábitos positivos. Cuando toda la información de este libro se implementa, ayuda a fomentar la creatividad e imaginación del niño pequeño y a construir buena autoestima y confianza. También se incluyen consejos simples y prácticos para aplicar la disciplina positiva cuando su hijo crezca y entre en la edad escolar. Este libro incluye toda la información que cualquier padre necesita para empezar a ser un padre positivo.

Cuando aplique los consejos prácticos de este libro, verá un cambio positivo en su hijo pequeño y en la relación que comparten. Cuidar de los niños no es solo atender sus necesidades básicas de comida, ropa y refugio. Un aspecto importante de la crianza y su deber como padre es preparar a su hijo con las habilidades necesarias para sobrevivir en el mundo real. Como con todo lo demás, cuanto antes empiece, más efectivos y eficientes serán los resultados. Un poco de amor, paciencia, consistencia y esfuerzo es todo lo que necesita para cambiar el comportamiento de su hijo.

¿Desea aprender más sobre todo esto? ¿Quiere descubrir los conceptos para criar exitosamente a su hijo? Si es así, ¡comencemos sin más!

Capítulo uno: Qué significa ser un niño pequeño

Hay diferentes términos utilizados para los niños de edades entre el nacimiento y los cuatro años, como bebés, recién nacidos y niños pequeños. Estos términos se utilizan a menudo como sinónimos, pero hay una ligera diferencia entre cada uno de ellos. Hasta que el bebé tiene dos meses de edad, se le llama recién nacido. Bebé es un término que se utiliza para referirse a los niños hasta que tienen 12 meses de edad. Niño pequeño es un término que se utiliza colectivamente para referirse a los niños que tienen o son menores de cuatro años. Por lo tanto, incluye todos los demás términos, como bebés, y recién nacidos.

¿Quién es un niño pequeño? Resulta que no hay una definición oficial o un límite superior para el término niño pequeño. A menudo, es un término usado para definir a los niños entre las edades de 12 a 36 meses. Los hospitales usan la misma definición para el control y la prevención de enfermedades. Un niño pequeño es un niño que está aprendiendo a caminar o a gatear. Esta etapa suele comenzar cuando el niño tiene aproximadamente 12 meses. El período entre 12 y 36 meses es crítico para el crecimiento y desarrollo del bebé. Hay muchos cambios a los que su bebé necesita acostumbrarse durante este período. Esta etapa se trata del crecimiento, desde el aprendizaje de nuevas habilidades como interactuar con otros o hablar y caminar, hasta llegar a ser independiente.

Principales hitos del desarrollo del niño pequeño

Todas las cosas que su pequeño puede hacer le emocionarán y sorprenderán. Desde el primer paso que dé hasta las palabras que pronuncie y las interacciones a través de la comunicación verbal y no verbal, hay mucho por descubrir. Hay hitos críticos para cada niño pequeño, que determinan su crecimiento y progreso a gran escala. Por lo general, un bebé da sus primeros pasos alrededor de su primer cumpleaños, pero esto también puede variar. No hay dos individuos iguales, y lo mismo ocurre con los niños pequeños. El primer hito que hay que tener en cuenta es cuando el bebé aprende a caminar. Esto suele ocurrir cuando el bebé tiene entre 12 y 18 meses. Los padres suelen preocuparse cuando su bebé no hace las cosas que hacen otros bebés. No tenga prisa, y no se preocupe porque ellos crecen a su ritmo. A medida que su bebé crezca, caminará solo, correrá y realizará actividades físicas sencillas con objetos, como jugar con una pelota o con sus juguetes.

Entre los 10 y 14 meses, los bebés pronuncian sus primeras palabras. Tenga un poco de paciencia, puede que escuche un montón de balbuceos antes de que diga palabras reales. Incluso si su hijo pequeño no se comunica con palabras reales, no se preocupe. Puede buscar otras formas de comunicarse con usted. Otras formas de comunicación no verbal incluyen apuntar, asentir con la cabeza o incluso mirar fijamente en una dirección específica. También es una edad en la que los niños pequeños aprenden habilidades sociales y emocionales que les ayudan a comprender conceptos simples como hacer reír a los demás y asociar palabras con sus sentimientos y emociones.

Por lo general, este es el desarrollo básico; puede que lo vea en su niño pequeño cuando tenga entre 12 y 17 meses.

- Apegarse a un peluche o a una manta.
- Empezar a mostrar preferencia por una mano específica (usa su mano dominante)
- Le encanta jugar.
- Levanta los brazos cuando lo viste.
- Probablemente perfeccione una o dos palabras simples.
- Entiende el concepto del reflejo y se ve a sí mismo en el espejo.
- Puede doblar y recoger objetos.
- Puede seguir instrucciones simples.
- Empieza a comer con los dedos.
- Apunta a los objetos.
- Intenta ponerse de pie estando sentado.
- Agarra y se aferra a pequeños objetos.
- Empieza a garabatear.
- Puede masticar trozos más grandes de comida.
- Entiende y obedece las instrucciones.
- Empieza a correr.
- Muestra preferencias hacia alimentos específicos.
- Trata de trepar.
- Muestra afinidad hacia colores específicos.

Estos son los hitos básicos del desarrollo que puede ver en su hijo pequeño cuando tiene entre 18 y 36 meses de edad.

- Puede que entienda las instrucciones, pero no necesariamente las sigue.
- Baila y se emociona con la música.
- Empieza a insistir en comer solo.
- Le gusta ayudar a los adultos con sus tareas.
- Puede identificar partes del cuerpo como los ojos, la nariz y la boca.
- Deja de meterse a la boca los diferentes objetos que recoge.

- Empieza a leer por su cuenta, aunque suene como un balbuceo.
- Empiezan las luchas a la hora de dormir.
- Entiende la diferencia entre el bien y el mal.
- Puede unir dos palabras.
- Empieza a desnudarse por sí mismo.
- Aprende a lanzar una pelota u otros objetos.
- Empieza a subir y bajar las escaleras lentamente.
- Tiene mejores habilidades de comunicación.
- Puede cepillarse los dientes solo.
- Puede identificar objetos o personas en imágenes.
- Aprende a entender el significado de las proposiciones.
- Puede mostrar timidez.
- Le encantan los juegos interactivos y de apilar.
- Quiere mucha atención.
- Puede identificar sus gustos y disgustos.
- Empieza a responder a preguntas básicas y habla sobre sí mismo.

Problemas comunes de los niños pequeños

Agresión

Quizás le preocupe que su hijo se vuelva agresivo por sus expresiones de agresión como golpes o mordiscos. Aunque suene desagradable, es común. A menudo se debe a su deseo de ser independiente. Esto, y que no puede controlar sus impulsos pues aún está aprendiendo el lenguaje, desencadena su comportamiento agresivo. Sin embargo, no significa que deba aceptarlo. En los capítulos siguientes, aprenderá más acerca de cómo lidiar con los comportamientos indeseados usando la crianza positiva.

Gritos

Algunos niños gritan porque quieren atención, o se les niega algo. A veces, los niños gritan para poner a prueba los límites de sus padres. Gritar es la forma en que su hijo pequeño consigue su atención, y es algo que desea.

Mentiras

La imaginación activa y el olvido son las dos razones más comunes por las cuales los niños pequeños mienten. Su incapacidad para diferenciar entre la realidad y la imaginación puede dificultarles distinguir lo que en verdad ha sucedido.

Chismes

Se cree que los niños pequeños a menudo recurren a los chismes para llamar la atención, aumentar su autoestima o mostrar su poder. Así, su hijo puede creer que tiene una ventaja sobre otro niño. También cree erróneamente que lo hace ver mejor a los ojos de los adultos que lo rodean. Son chismosos porque no han desarrollado las habilidades emocionales o sociales necesarias para entender cómo resolver sus problemas.

Interrupciones

Los niños pequeños creen que el mundo gira a su alrededor. Su memoria a corto plazo se está desarrollando, y necesitan decir cosas de inmediato antes de que se les olviden. Esta es una de las razones por las que constantemente interrumpen a los demás mientras hablan. Además, la idea de las interrupciones no existe en la cabeza de un niño pequeño. No entienden que los demás puedan querer decir o hacer cosas diferentes a sus intereses.

Hacer berrinches

Otro problema común durante los años de la infancia son los berrinches. El niño entiende un poco mejor la comunicación verbal, pero aún no alcanza la etapa en la que puede comunicar libremente lo que quiere. Esta incapacidad para comunicarse puede hacerlo sentir impotente y hacer berrinches.

Burlas

Cuando su hijo pequeño tiene unos dos años, entiende lo que significan los límites, y sigue probándolos para saber dónde se encuentran. A los niños pequeños les gustan las bromas, pero nunca con intenciones maliciosas. Es una señal de su desarrollo cognitivo.

Lloriqueo

Su niño pequeño depende de usted para cada necesidad o deseo básico, sea comida, amor u otra cosa, él depende de usted. Si no recibe atención cuando la necesita, se convierte en un desafío para él. Esto resulta en un lloriqueo. El tono alto de los lloriqueos es su manera de tratar de llamar la atención cuando una de sus necesidades no ha sido satisfecha.

Lanzar cosas

Cuando un niño tiene entre 18 y 36 meses, desarrolla y afina sus habilidades motoras. Una forma sencilla de aprender es recoger y lanzar objetos. Su niño pequeño no hace esto para irritarlo o molestarlo. Por el contrario, lo considera una actividad agradable y a menudo lo hace para practicar sus habilidades motoras.

Ninguno de estos comportamientos es deseable, pero tampoco inesperado. En los próximos capítulos aprenderá más acerca de cómo corregir estos comportamientos y reemplazarlos por los deseados.

Capítulo dos: ¿Qué es la disciplina positiva?

Antes de aprender sobre la disciplina positiva, es esencial entender la diferencia entre disciplina y castigo. Estos dos términos se usan a menudo como sinónimos, pero no podrían ser más diferentes. En pocas palabras, la disciplina implica métodos positivos que enseñan al niño a tener confianza en sí mismo, a ser responsable y a ejercer autocontrol. En lugar de decirle a su hijo lo que no debe hacer, funciona mejor enseñarle lo que está bien y lo que no está bien. Con la disciplina, puede enseñar a su hijo nuevas habilidades para regular su comportamiento, técnicas de resolución de problemas, y a lidiar con cualquier molestia. Le permitirá aprender de sus errores y reemplazarlos con formas socialmente apropiadas de manejarse. En lugar de quitarle sus privilegios, gritarle o darle nalgadas, la disciplina le ayudará a evitar comportamientos indeseados.

Por el otro lado, el castigo incluye medidas punitivas. Esencialmente significa que le impone a su hijo un castigo por cualquier mal comportamiento u ofensa. Se trata de hacer que su hijo pague por su mal comportamiento. A veces, los padres también castigan a sus hijos porque están frustrados. También puede deberse a la desesperación que el padre grite, dé nalgadas o le quite privilegios a su hijo. Pretende enviar el mensaje de que el comportamiento debe cambiar o de lo contrario será azotado, gritado o se le quitarán sus privilegios. El principal problema del castigo es que no enseña buen comportamiento. Puede dar a entender que no se debe hacer algo porque de lo contrario será castigado. Puede que su hijo se sienta confundido sobre por qué está bien que usted, como padre, le grite, pero se supone que él no debe hacerlo.

Otro problema importante del castigo es que hace que los niños sientan que no tienen control. Cuando se les enseñan comportamientos apropiados y por qué ciertos comportamientos son indeseables, tienen una sensación más clara de control. Les hace sentir que tienen control total de sus acciones y de las consecuencias como resultados directos de sus acciones.

Significado de la disciplina positiva

La Dra. Jane Nelsen tiene el crédito por la creación del programa de disciplina positiva. Su trabajo se basa en gran medida en las enseñanzas de Alfred Adler y Rudolf Dreikurs. La idea de la disciplina positiva es equipar a los jóvenes con las habilidades necesarias para convertirse en miembros respetuosos, responsables e ingeniosos de la sociedad. Ayuda a enseñar las habilidades de la vida y las habilidades sociales, lo cual es respetuoso y alentador tanto para los adultos como para los niños.

Es una tendencia humana natural conectar con los demás, y este deseo es bastante fuerte en los niños. Una vez que su hijo sienta tal conexión con su familia y otros a su alrededor, es probable que su mal comportamiento se reduzca. La disciplina positiva se basa en el respeto mutuo, la comunicación efectiva, las técnicas de resolución de problemas, la comprensión de las razones de un comportamiento específico, el estímulo y la concentración en las soluciones en lugar del problema. La disciplina positiva enseña a los padres a ser proactivos en lugar de reactivos. Siempre es más fácil arreglar la situación antes de que empeore, en lugar de reaccionar cuando todo está mal.

Cuando le enseña a su hijo buenos comportamientos y por qué ciertos comportamientos son indeseables, las muestras de tal comportamiento se reducen. Si le habla mientras está tranquilo y sereno, es más probable que le escuche. Si intenta explicarle todo esto cuando hace un berrinche, solo empeorará la situación.

Beneficios de la disciplina positiva

La disciplina positiva ayuda a mejorar el vínculo entre padres e hijos. También fortalece la conexión que comparten. Si continuamente castiga a su hijo, le manda a callar, le quita sus privilegios o le grita, la relación se tensa. También puede crear resentimiento en el niño. Las tácticas utilizadas para practicar la disciplina positiva son a la vez alentadoras y respetuosas. Aprenda a ser amable y firme con su hijo. En lugar de castigarlo, cuando le explique con calma por qué no debe hacer algo, probablemente escuche.

También es eficaz a largo plazo. Cuando su hijo sabe lo que se supone que debe hacer y lo que no debe hacer, y las razones para ello, se hace más fácil enseñarle buenos comportamientos. Cuando lo castiga por cualquier mal comportamiento, simplemente ilustra que no se supone que haga algo. Sin embargo, no le da ninguna habilidad o lección esencial para aprender el buen comportamiento. Incluso si el castigo funciona, los beneficios que ofrece son solo momentáneos.

Otra ventaja de la disciplina positiva es que enseña a los niños habilidades sociales y vitales como el respeto a los otros, la consideración, el aprendizaje de la resolución de problemas y la cooperación con los demás. Todas estas habilidades convertirán a su hijo en un adulto que usted respetará, amará incondicionalmente y admirará.

De acuerdo con, *Relations Among Positive Parenting, Children Suffered Full Control, And Externalizing Problems: A Three-Wave Longitudinal Study* (2005) y *Intergenerational Continuity In Parenting Behavior: Mediating Partisan Child Effects* (2009), la disciplina positiva ayuda a fomentar el crecimiento emocional, el rendimiento académico, mejora la salud mental y proporciona mejores resultados en términos de comportamientos de prueba.

La disciplina positiva también le da a su hijo la oportunidad de entender sus capacidades. Ayuda a construir su autoestima y confianza.

Principios de la disciplina positiva

La disciplina positiva es un concepto simple basado en la practicidad. No hay principios estandarizados de disciplina positiva, pero hay que seguir algunas reglas básicas. En esta sección, veremos los principios básicos de la disciplina positiva.

Principio #1: Cambiar el enfoque

Es fácil decir, «No hagas esto», pero no sirve de nada. En lugar de insistir en las cosas que su hijo pequeño no debe hacer, la disciplina positiva le invita a decir lo que puede hacer. En lugar de decir, «No corras por la casa», con la disciplina positiva, se le propone decir, «Camina con cuidado en lugar de correr». También ayuda a que el niño entienda por qué ciertas acciones no son deseables. Si sorprende a su pequeño corriendo descuidadamente, puede decirle, «Si corres en la casa, puedes caerte y lastimarte». Al explicarle, es más fácil que entienda por qué ciertos comportamientos no son deseables.

Principio #2: Los sentimientos del niño

Si su hijo comete un error o se comporta mal, en lugar de enfadarse con él y gritar o gruñir, la disciplina positiva le enseña a ser más considerado con los sentimientos de su hijo. Ningún niño es inherentemente malo. Sólo necesita cambiar el comportamiento. Si su hijo derrama su comida, no le diga: «¡Eres un niño malo!». En cambio, puede concentrarse en la acción o el comportamiento, es lo indeseable. Si critica a su hijo y lo menosprecia o lo castiga constantemente, pronto creerá que no es digno de cariño o que es incapaz. Como padre, su trabajo es asegurarse de que la autoestima y la confianza de su hijo no caigan en un segundo plano.

Principio #3: Ofrecer opciones

A todos les gusta tener control de su vida, decidir y elegir lo que quieren. Bueno, los niños pequeños no son la excepción. Puede que aún no hayan crecido del todo, pero entienden lo que significa elegir y les gusta hacerlo. Un error común que muchos padres cometen es dar a sus hijos opciones que pueden ir en contra de sus decisiones. Con la disciplina positiva, se le enseña a ofrecer a su hijo opciones solo cuando esté 100% dispuesto a acatar su elección. La forma más simple de hacerlo es darle al niño opciones que usted puede aceptar. Por ejemplo, si su hijo pequeño hace un berrinche porque no se le permite jugar por más tiempo, puede decirle algo como, «Si comes tu cena ahora, puedes jugar más tarde 10 minutos». Le ha dado una opción que es aceptable para usted. También su hijo quedará con una sensación de control.

Principio #4: El entorno es importante

El comportamiento de un niño a menudo está regulado por su entorno. En lugar de preocuparse demasiado por su comportamiento, concéntrese en cambiar su entorno. Por ejemplo, si los sentidos de su hijo pequeño están constantemente sobre estimulados debido a un entorno ruidoso, se pondrá de mal humor y hará berrinches. Entender la causa del berrinche, el ambiente, le da más control para regular sus acciones. Ahora que sabe que hace berrinches porque está sobre estimulado, puede reducir la estimulación del entorno.

Principio #5: Ustedes son un equipo

Un principio simple que muchos padres olvidan es que necesitan trabajar en equipo con sus hijos. Si trabaja contra la voluntad del niño, él se resistirá, y hará que todo el proceso parezca una lucha. En cambio, cuando se trabaja con el niño en equipo, se hace más fácil cambiar sus acciones. No sea un dictador, sino un mentor. Usted y su hijo son un equipo y trabajan juntos para cambiar su comportamiento. Por ejemplo, si está molesto por la rutina de su hijo a la hora de dormir, en lugar de dictarle términos, intente hablar con él al respecto. Con un poco de ajustes y comprensión, pueden crear una rutina que funcione bien para ambos. Con disciplina positiva, se le enseña cómo hacer todo esto.

Principio #6: Establecer límites

Nos enseñan que cada función tiene un límite. ¿Qué pasa cuando una función no tiene límite? Deja de existir o no funciona como se supone que debe hacerlo. De la misma manera, incluso su niño pequeño necesita ciertos límites. La mayoría de los límites establecidos por los padres para regular el comportamiento de su hijo pequeño suelen estar diseñados teniendo en cuenta su seguridad. Asegúrese de que los límites que establezca sean algo que su hijo pueda entender. Una vez que establezca estos límites, explíquele también las consecuencias de romperlos. Supongamos que una de las reglas básicas o límites que usted establece en la casa para la seguridad de su hijo pequeño es: «No corras». Para hacer cumplir este límite, explique lo que pasará si no le escucha. Explicando la importancia del límite, y las consecuencias de romperlo, es más probable que su hijo pequeño esté más dispuesto a acatarlo.

No se trata solo de establecer límites, también hay que ser coherente. Si es inconsistente, el niño se confundirá y no entenderá lo que se supone que debe hacer. Por ejemplo, si le dice que no debe ver la televisión mientras come, siga esta regla. Se supone que nadie debe cambiar esta regla, independientemente de la situación. Puede haber días en los que esté cansado o agotado y no tenga la energía a la hora de la cena. Sin embargo, esto es una excusa para permitir que su hijo coma mientras ve la televisión. Después de un tiempo, si usted hace esto, creerá que no hay reglas y que no hay consecuencias por romper cualquier regla que usted establezca. Con un poco de consistencia, el niño se acostumbrará a los límites. No es solo usted quien debe seguir estas reglas, todas las personas que cuiden a su hijo también deben estar a bordo.

Principio #7: Recordatorios amables

En lugar de exigir u ordenar obediencia a su hijo pequeño, puede utilizar recordatorios amables, preguntas, o incluso establecer términos para lograr su cooperación. Por ejemplo, tal vez quiera que su hijo guarde sus juguetes después de jugar. Esto puede tornarse en una constante lucha de poder. Hay una forma sencilla de evitarlo. En lugar de exigirle que obedezca diciendo cosas como: «Deberías guardar tus juguetes» o castigarlo, «si no guardas tus juguetes, no puedes jugar», busque recordatorios amables. Los niños se resisten porque no les gusta que les digan lo que tienen que hacer. Si les da una orden, su impulso natural de resistencia aumenta. Si reemplaza la orden por una pregunta simple o un recordatorio de una palabra, funciona mejor. Para que su hijo guarde sus juguetes después de jugar, intente recordarle: «Juguetes». Todo lo que se necesita es una sola palabra. En lugar de desperdiciar su energía con frases largas y luchas de poder que lo dejen agotado, intente recordárselo de forma amable.

Principio #8: Ser un buen modelo a seguir

Usted es el primer modelo a seguir de su hijo. La mayoría de los comportamientos que los niños adquieren son a menudo la síntesis de todos los comportamientos que perciben en su entorno. Como el principal responsable de su hijo, es importante mostrar un buen comportamiento. Por ejemplo, si su hijo grita o refunfuña cuando no consigue algo que quiere, como padre, revise este comportamiento. Si usted grita cuando no consigue lo que quiere, simplemente está contradiciendo lo que le dice a su hijo. Esto causa a los niños mucha confusión innecesaria. Si no quiere que su hijo grite y refunfuñe, debe enseñar el mismo comportamiento. Si él le ve hacer algo que le dijo que no hiciera, pensará que no necesita escucharle.

Cuando siga estos principios y los incorpore a sus tácticas de crianza, será más fácil guiar a su hijo y moldear su comportamiento. En lugar de castigarlo cuando se comporta mal, la disciplina positiva ayudará a enseñarle por qué tal comportamiento es indeseable.

Ayudará enfocarse en mejorar su comportamiento, en lugar de repartir castigos.

Un ejercicio simple de disciplina positiva

¿Qué es el mal comportamiento? Es el término que se utiliza para describir el comportamiento grosero, malo o inapropiado. Solo cuando su hijo se comporte conscientemente de forma inapropiada, tal comportamiento se denominará mal comportamiento. Antes de actuar o intentar corregirlo, aquí tiene unas preguntas sencillas que debe hacerse.

Pregunta 1: ¿Mi hijo se ha comportado mal? ¿Hizo algo malo?

¿Piensa que hay un problema, o quizás se está quedando sin energía y sin paciencia? A menudo, los padres se molestan con el comportamiento de sus hijos, especialmente cuando están estresados, abrumados o se les está acabando la energía. Por ejemplo, puede que en el pasado se haya enfadado con su hijo pequeño porque no guardó sus juguetes después de la hora del juego, como se supone que debería hacerlo. Su reacción en la misma situación es diferente si está abrumado y estresado, comparada con sus reacciones normales. Si cree que no hay ningún problema, es hora de mirar hacia adentro y entender la razón del estrés y lidiar con él. Si cree firmemente que hay un problema, pasemos a la siguiente pregunta.

Pregunta 2: ¿Mi hijo puede estar a la altura de mis expectativas?

Si le parece que existe un problema, piénselo un par de minutos. Todos tenemos ciertas expectativas. La mayoría de los problemas a los que nos enfrentamos en la vida se deben a las expectativas. De la misma manera, todos los padres tienen ciertas expectativas. Antes de que se altere con el comportamiento de su hijo, pregúntese a sí mismo:

¿Mis expectativas son realistas? ¿Mi hijo puede estar a la altura de mis expectativas? Si sus expectativas no son realistas, es hora de realizar una pequeña autoevaluación. Si cree que sus expectativas son justas y razonables, pase a la siguiente pregunta.

Pregunta 3: ¿Mi hijo era consciente de que estaba haciendo algo malo?

Vuelva a pensar la definición de mal comportamiento. Las acciones no se pueden clasificar como mal comportamiento si no se hacen conscientemente. Por lo tanto, intente determinar si su hijo sabía que se estaba portando mal o no. Si no era consciente de que había hecho algo malo, no hay razón para enfadarse con él. En cambio, intente comprender lo siguiente.

- Qué sucedió
- Qué se suponía que no debía pasar
- Qué espera de él y las razones
- Cómo puede evitar que se repita en el futuro
- Para prevenir tales comportamientos en el futuro, ofrezca su ayuda y asistencia

Si sabía que estaba haciendo algo que no debía y aun así lo hizo intencionalmente, significa que su hijo se comportó mal. Si su hijo moja la cama accidentalmente mientras duerme, no es un acto intencional o un mal comportamiento. Si fue un accidente, pregúntele por qué lo hizo.

Los niños son más inteligentes de lo que los padres creen. Si se pone a su nivel y habla con él, le dirá lo que está sucediendo. Aprenda a ser paciente con su pequeño, guíelo y no lo castigue.

Capítulo tres: La crianza positiva comienza en casa (y con usted)

Visualice este escenario: Un niño de 3 años hace un berrinche porque mamá cortó sus sándwiches en triángulos en vez de rectángulos. Se golpea, levanta las manos, grita y llora. Parece que el berrinche no terminará pronto. Por pura frustración, la mamá grita: «Deja de gritar AHORA mismo».

¿Le parece un escenario familiar? No importa cuánto ame a su pequeño y cuanta paciencia tenga, a veces, calmar a su pequeño parece imposible. En verdad, todos los padres han pasado por allí. Es algo de lo que todos somos culpables, así que no sea demasiado duro consigo mismo. En los capítulos anteriores se introdujo el concepto de disciplina positiva, y en este capítulo aprenderá formas sencillas de empezar a aplicarla.

Consejos para empezar con la crianza positiva

Comprender las razones

¿Por qué los niños pequeños se portan mal? Esta es una pregunta importante que todos los padres deben hacerse. Siempre hay una razón para su mal comportamiento, incluso si parece tonta. Los adultos pueden creer que las razones son tontas, pero probablemente al niño le parezca razonable, y por eso se comportan así. La forma más simple para asegurarse de poder corregir cualquier mal comportamiento es encontrando la razón. Al abordar directamente la causa podrá comprender mejor las necesidades de su hijo y al mismo tiempo hacer que se sienta importante y comprendido. Incluso si no se resuelve el problema inmediatamente, le da a su hijo una razón para avanzar sin reincidir en un mal comportamiento. Cuando comprenda la razón, también tendrá mejor control sobre el escenario y la toma de medidas necesarias para evitar que se repita tal comportamiento.

Por ejemplo, un niño pequeño llora cuando su hermano le pega. El hermano mayor lo golpeó porque el pequeño le quitó sus juguetes sin preguntarle. Este es un momento de aprendizaje para ambos niños. Puede enseñar al más pequeño a pedir permiso siempre antes de tomar las cosas de los demás. Del mismo modo, puede enseñar al mayor a regular sus emociones y a hablar de sus sentimientos sin tener que arremeter físicamente contra otros. Al enseñarles el comportamiento adecuado, podrá reducir las posibilidades de que se produzcan estos casos.

Aprenda a ser amable y firme

Los niños a menudo aprenden imitando el comportamiento de quienes les rodean, especialmente el de quienes los cuidan habitualmente. Si un padre o una madre grita, insulta, se burla o da palmadas al niño, pronto aprenderá que está bien hacer estas cosas cuando está molesto. Lo contrario también resulta. Como padre o madre, si muestra un comportamiento amable y respetuoso hacia los demás, incluso cuando está molesto, le enseña a su hijo pequeño a enfrentarse a las situaciones difíciles, siendo al mismo tiempo amable y respetuoso. Cuando usted está tranquilo, incluso en circunstancias difíciles, ayuda a calmar al niño y aumenta su capacidad de entender lo que usted le dice.

Recuerde, hay una diferencia entre ser amable y ceder a las demandas de su hijo. Un malentendido común es que los padres creen que la disciplina positiva es ser permisivo. La crianza permisiva significa ceder a las demandas del niño, ya sean razonables o no. No sea hostil al transmitir su punto de vista. Aprender a ser amable y firme es una gran manera de comunicarse con su hijo pequeño mientras le enseña buenos comportamientos. Decir que no con firmeza y calma es mejor que gritárselo a su hijo. Siempre que establezca límites sobre comportamientos específicos como no pegar, morder o gritar, asegúrese de cumplir las consecuencias de romper la regla. Le enseñará al niño la relación natural entre las acciones o comportamientos y sus consecuencias. Así, el niño pequeño entenderá cómo tomar decisiones en el futuro.

Por ejemplo, una regla familiar que se puede establecer es: «No gritar ni dar alaridos». La próxima vez que el niño pequeño grite o de alaridos porque no consiguió algo o quiere algo, ignórelo hasta que se calme. Así le enseñará de forma efectiva que a menos de que pida la cosas con calma y respeto, no las conseguirá.

¡Los padres también necesitan una pausa!

No solo los niños necesitan un descanso, también los padres necesitan pausas. A veces, usted está cansado, frustrado, irritado o incluso molesto por el comportamiento de su hijo. En tales casos, en lugar de reaccionar, es mejor tomarse un tiempo. Aunque sean unos cinco minutos, le ayudarán a encontrar calma. Una vez que se haya calmado, será más fácil lidiar con el comportamiento rebelde de su hijo. Si pierde los estribos en ese momento y le grita, le enviará mensajes contradictorios sobre la importancia de no gritar cuando esté molesto. Recuerde, su comportamiento debe estar en armonía con las reglas y las consecuencias que usted establece.

Cuando esté tranquilo, puede hablar con su hijo sobre el problema. Es un buen ejemplo de la enseñanza: «Haz lo que digo y actúa igual a mí». ¿Quiere que su hijo grite y de alaridos cuando está enfadado o molesto, o quiere que controle sus emociones y sea respetuoso? Si prefiere lo último, tiene que hacer lo mismo. Si cree que está a punto de perder la cabeza, dígale con calma a su hijo que necesita un par de minutos para recomponerse. Dígale que regresará en cierto tiempo para hablar con él sobre el tema. La forma más simple de evitar peleas innecesarias de poder es alejarse de tal situación. Respire profundamente, cálmese y aclare su mente.

No sea punitivo

Uno de los conceptos básicos de la disciplina positiva y la crianza positiva es no castigar al niño. Cada vez que se castiga al niño, se alimenta un sentimiento de rebelión, venganza, resentimiento, y aumenta el riesgo de que se aísle. El castigo condena el mal comportamiento, pero no enseña un comportamiento bueno o deseable. En lugar de caer en esto, es mejor buscar opciones no punitivas. Un tiempo fuera positivo o un tiempo de calma es una gran manera de implementar los principios de la disciplina positiva. Un tiempo fuera positivo es exactamente lo opuesto a un tiempo fuera convencional. No es una forma de castigo. En el capítulo anterior, se mencionó que el mal comportamiento de un niño podría deberse al exceso de estímulos en el ambiente. Al usar el principio del tiempo fuera positivo, básicamente está sacando al niño del ambiente problemático. Le da al niño la oportunidad de calmarse y finalmente parar el comportamiento indeseado.

Para usar el principio de tiempo fuera positivo, el primer paso siempre es explicar sus expectativas y las consecuencias de no cumplirlas. Por ejemplo, si el niño golpea a la mascota de la familia, dígale que tal comportamiento conllevará a un tiempo fuera positivo.

Una vez que establezca esta regla y sus probables consecuencias, le dará a su hijo la oportunidad de pensar en su comportamiento y en sus decisiones antes de tomarlas. También le enseñará a tomar buenas decisiones y a desarrollar su capacidad de pensamiento cognitivo. Si su hijo muestra un comportamiento indeseado, no pierda la calma, y dígale tranquilamente que lo que hizo no estuvo bien y llévelo a sentarse en un lugar tranquilo y seguro. Dele tiempo para pensar en sus acciones y en las consecuencias resultantes. En lugar de punitivo, será amable y firme mientras corrige cualquier comportamiento indeseado.

Otra cosa importante sobre el tiempo fuera positivo es que necesitará hablar con su hijo después de que termine. Explíquele por qué su acción anterior es indeseable o inapropiada y ayúdele a desarrollar una mejor respuesta si experimenta los mismos sentimientos en el futuro. Esto es más fácil de decir que de hacer y requiere mucha práctica y paciencia.

Claridad y consistencia

Como principal responsable de su hijo, debe ser claro, consistente y cumplir sus promesas. Antes de hacer cumplir una regla, asegúrese de haberle explicado la regla a su pequeño y de haberle explicado también las consecuencias de no seguir las reglas. Recuerde que las reglas deben ser bastante sencillas y las consecuencias simples. Su hijo pequeño todavía está aprendiendo, y su cerebro se está desarrollando. Si usted es inconsistente, simplemente creará mucha confusión. Por ejemplo, los padres a menudo hacen amenazas vacías para regular el mal comportamiento de sus hijos. Si usted dice: «No más juguetes por una semana» cuando su hijo pequeño corre en la casa, asegúrese de que no sea una amenaza vacía. Si, después de un día, lo deja jugar con los juguetes, su amenaza no tiene ningún valor. (P. D.: Esta no es una buena idea porque es un castigo y no enseñará buen comportamiento. Es simplemente un ejemplo de amenazas vacías que hacen los padres).

Si no cumple con lo que dice, su hijo pronto se dará cuenta de que no necesita escucharle. Para evitar esto, es necesario hablar y actuar en consecuencia.

Aprenda, aprenda y aprenda

Cuando su hijo se porte mal, no se frustre ni se preocupe. En cambio, véalo como un momento de aprendizaje. Supongamos que su hijo pequeño arroja su nuevo juguete durante un berrinche. En lugar de castigarlo por este comportamiento, quítele el juguete con calma y no lo reemplace. Esto le enseñará que romper un juguete no hace que un nuevo juguete aparezca por arte de magia. No le permita jugar con él, y no lo reemplace bajo ninguna circunstancia. Le enseñará la consecuencia natural de su acción. La forma más simple para un niño pequeño de entender la diferencia entre el buen y el mal comportamiento es a través de las experiencias. Este simple ejercicio le enseñará que tirar sus juguetes no resuelve el problema, y solo conseguirá ya no poder jugar con ellos.

Esta es también una buena oportunidad para enseñarle los nombres de los sentimientos y emociones. Puede que aún no entienda las palabras y sus significados, pero a través de la repetición, será más fácil enseñarle las diferentes emociones que puede experimentar.

Tenga paciencia siempre

No espere ningún cambio drástico de comportamiento de la noche a la mañana. Si esta es una de sus expectativas, se llevará una decepción. Aprenda a manejar sus expectativas y a tener en cuenta la edad de su hijo. Recuerde que todavía es un niño pequeño y está aprendiendo. Su córtex pre frontal, una parte del cerebro responsable de hacer juicios sensatos y de entender las verdaderas implicaciones de las consecuencias, está todavía en etapa de desarrollo. Por lo tanto, es esencial que sea paciente con él. La repetición, la consistencia y el esfuerzo son importantes para enseñarle a su hijo un buen comportamiento, y a reducir los comportamientos indeseables. Lo bueno de implementar los principios de la crianza positiva es que ofrece recompensas para toda la vida.

Como principal responsable de su hijo, la disciplina positiva también le enseñará a regular sus emociones y comportamientos para comunicarse más eficazmente con su hijo pequeño.

Técnicas de disciplina positiva

Además de usar tiempos de espera, pausas para los padres, consistencia y paciencia, puede probar algunas técnicas simples de disciplina positiva.

Ofrecer opciones

Una forma efectiva de fomentar la independencia en un niño desde temprana edad es ofrecerle opciones. Involucrarse en luchas de poder no suele fomentar el buen comportamiento, todo lo contrario, da pie a un montón de peleas personales y desagradables. Si le ofrece a su hijo opciones en lugar de gritarle órdenes o mandatos, puede evitar las luchas de poder. Esta técnica también ayuda a sacar todo el potencial de su hijo pequeño. Quizás se pregunte por qué esta técnica sería eficaz para criar a un niño. Bueno, debe ser inteligente en cuanto a las opciones que ofrece. Nunca le ofrezca a su hijo opciones que no pueda cumplir. Si lo hace, parecerá incoherente y poco confiable. Las opciones deben ser simples y apropiadas según la edad.

Por ejemplo, si se está preparando para salir, en lugar de gritarle a su hijo y decirle: «Se nos hace tarde otra vez, muévete», puede decirle algo como: «¿Quieres ponerte primero la chaqueta o los zapatos?». En esta situación, usted no se concentra en la acción, sino que trata de avanzar dándole opciones a su hijo. Ambas opciones son perfectamente aceptables para usted porque ayudarán que se vista más rápido. Dado que los niños aman la autonomía, esta técnica funciona increíblemente bien.

Crear un entorno SÍ

Los humanos somos curiosos por naturaleza, y los niños aún más. Su curiosidad les ayuda a explorar los alrededores, a aprender más sobre ellos mismos y sobre quienes les rodean. A medida que un bebé crece, su instinto de autoexpresión aumenta. Por esta razón los niños pequeños a menudo ponen a prueba y cruzan los límites impuestos por sus padres. Es la manera de afirmar su sentido de libertad y de entender su entorno. Si uno de los padres continuamente dice «No» todo el tiempo, el niño pronto se sentirá desanimado. Su hijo puede pensar que no debe hacer nada, porque todo está prohibido. Busque formas creativas de crear un entorno saludable y seguro para decir «Sí». Por ejemplo, si tiene un niño pequeño en casa, adaptar la casa a prueba de bebés es una excelente manera de asegurar que el entorno doméstico sea seguro para que explore diferentes cosas.

La disposición de su hijo a prestarle atención cuando usted le habla aumenta si no lo desalienta continuamente. Por ejemplo, si su hijo rompe los objetos de vidrio de la casa constantemente, lo mejor que puede hacer es guardarlos bajo llave. Así reduce las posibilidades de que se comporte mal, y ni siquiera tiene que decir que no.

Ignorar el comportamiento negativo

Los niños pequeños aman la atención; no solo los niños pequeños, ¡todos los humanos aman la atención! Desde la perspectiva de un niño pequeño, la atención es buena, independientemente de las acciones con que la consiguen. Los niños actúan para recibir la atención que creen merecer de sus padres o cuidadores. En tales situaciones, lo mejor que se puede hacer es ignorar su comportamiento negativo. Si su hijo hace un berrinche, sin motivo aparente, y todas sus necesidades han sido satisfechas, ignore su comportamiento negativo. Pronto se cansará y se dará cuenta de que no obtendrá la atención deseada con comportamientos negativos. Esta técnica solo debe usarse para problemas menores o de poca importancia.

Los personajes de ficción ayudan

Hay muchos momentos de aprendizaje al ser padre de un niño pequeño. Una gran manera de involucrar a su hijo y enseñarle un comportamiento positivo (mientras reduce el comportamiento negativo) es usar personajes ficticios. Los mediadores o terceros, como un títere, un juguete o los personajes de su programa de televisión favorito, funcionan muy bien. Cree un pequeño espectáculo de marionetas para su hijo en el cual se muestren los buenos comportamientos que debe utilizar en cambio de los indeseados. Por ejemplo, una marioneta podría golpear a la otra porque llora. En esta situación, podrá explicar cuidadosamente que si en vez de golpear, simplemente le pregunta al otro qué necesita, la situación puede resolverse mejor. Al utilizar medios de comunicación que su hijo pequeño entiende, se hace más fácil enseñarle buenos modales.

Recordatorios de una sola palabra

La mayoría de los padres asumen erróneamente que exigir y ordenar es la mejor manera de lograr que sus hijos los escuchen. Al gritar o decir severamente: «¡Guarda tus juguetes!» «¡Deja de correr ahora mismo!» no transmitirá el mensaje. Además de dejarlos roncos, puede que no sirva para nada. Intente crear recordatorios de una sola palabra. Los principios de disciplina positiva no son solo corregir comportamientos indeseados, sino también enseñar los deseados. Intente decir: «Camina», cuando vea que su hijo pequeño está corriendo, o si le cuesta compartir sus juguetes, puede decir «Comparte». Estos recordatorios simples enunciados con calma transmitirán eficazmente el mensaje cuando le diga a su hijo pequeño lo que debe hacer.

Recuerde siempre elegir sus batallas sabiamente en la vida; la crianza de los hijos no es la excepción. En lugar de involucrarse en luchas de poder innecesarias, es mejor corregir y redirigir suavemente a su hijo para que aprenda un mejor comportamiento.

Refuerzo positivo

Corrija los comportamientos indeseados, pero también elogie a su hijo cuando haga algo deseado. Si su hijo recoge sus juguetes después de jugar sin necesidad de recordárselo, elogie su comportamiento con frases sencillas como: «¡Bien hecho!» o «Gracias por recoger tus juguetes». Si es amable con los demás o comparte sus juguetes con su hermano, dígale: «Lo hiciste muy bien» o «Estoy muy feliz de que hayas compartido tus juguetes». Siempre que note que su hijo pequeño hace algo que usted aprecia, hágaselo saber.

Emplear afirmaciones positivas para expresar emociones positivas funciona como incentivo. Pronto se dará cuenta de que ciertos comportamientos provocan una respuesta feliz en usted. Al darle atención positiva por su buen comportamiento, usted refuerza el comportamiento que él tuvo. El refuerzo positivo también ayuda a construir la autoestima y la confianza de su hijo. Pronto se dará cuenta de que puede tomar buenas decisiones sin ayuda externa. Puede que no le parezca gran cosa, pero ayuda a cambiar y moldear sus comportamientos para mejorar. Si un padre grita o regaña a su hijo por su mal comportamiento, pero no recompensa el buen comportamiento, el niño sentirá falta de apoyo tarde o temprano. Lo más probable es que se encierre en un caparazón, resienta a su padre o incluso se rebele innecesariamente.

Redirección

La atención de un niño pequeño dura poco tiempo. Cuando su hijo se porte mal, redííjalo rápidamente a otra actividad. Al redirigirle desvía su atención y termina efectivamente el mal comportamiento. Por ejemplo, si ve que su hijo está jugando con algo que no debe, dele otro juguete para desviar su atención. Si esta técnica no funciona, puede cambiar de habitación. Siga practicando la misma táctica a medida que su hijo crezca. Por ejemplo, si no quiere que su hijo pequeño vea la televisión todo el tiempo, intente decirle que puede jugar con sus juguetes o llévelo al exterior un rato. En lugar de decirle que deje de hacer algo, diríjalo hacia una actividad positiva.

Si sigue estas sencillas técnicas de disciplina positiva, puede prevenir eficazmente el mal comportamiento, fomentar comportamientos deseables y ayudar a su hijo a cultivar buenos hábitos a la vez que aumenta su autoconfianza.

Capítulo cuatro: Entrenamiento para dormir solo a su hijo pequeño

No muchos padres piensan en la hora de dormir cuando traen un pequeño a sus vidas. Sin embargo, una vez que el bebé llega a casa, la alimentación constante, los cambios de pañales y todas las demás responsabilidades cotidianas pueden tornarse abrumadoras rápidamente. Es entonces cuando se establece la nueva realidad de la vida. En lugar de siempre «improvisar», es mejor tener un plan en mente. La forma más simple de rectificar esta situación es entrenar a su hijo para dormir solo. Cuando su hijo esté entrenado para dormir, usted también podrá descansar lo suficiente para seguir dando lo mejor de sí mismo como padre.

En este capítulo, aprenderá sobre dos métodos simples de entrenamiento para dormir, consejos para usar la crianza positiva durante el entrenamiento para dormir y cómo lidiar con las dificultades comunes a la hora de dormir.

Cómo entrenar a su hijo para dormir solo

Esencialmente, el entrenamiento para dormir consta de enseñar a su hijo a dormir toda la noche. Inicialmente, puede que se resista y probablemente se despierte después de un par de horas. Sin embargo, si persiste, su hijo aprenderá pronto a dormir toda la noche sin molestias.

Los expertos sugieren que lo ideal es comenzar a entrenar para dormir a su bebé cuando tenga entre 4 y 6 meses. A esta edad, los bebés ya suelen tener una rutina de sueño y vigilia, y la alimentación durante la noche también se detiene por completo o se reduce drásticamente. Como no hay dos bebés iguales, no se preocupe si su pequeño tarda un poco más. Si no tiene certeza de que su bebé esté listo para este paso, consulte con un pediatra.

Entonces, ¿cuál es la mejor forma de entrenar para dormir a un niño pequeño? La respuesta a esta pregunta depende de la forma en que su bebé responda a cada opción; usted también debe sentir comodidad con la estrategia elegida. Los diferentes expertos tienen opiniones diferentes, y el mejor método es un tema ampliamente debatido. Sin embargo, todos parecen estar de acuerdo en la necesidad de coherencia. Para entrenar a su bebé para dormir, elija una estrategia y ejecútela sin flexibilidad. Basándose en las respuestas de su bebé, puede implementar los cambios necesarios. Veamos algunos métodos diferentes disponibles.

Método de Ferber

Si deja al niño en la cuna o lo lleva a dormir a su cama y se va, probablemente llore. Llora porque no está acostumbrado a estar solo. Quienes abogan por este método sostienen que está bien que un bebé llore hasta que aprenda a dormirse. Nunca deje que su hijo pequeño llore durante períodos indefinidos. En este método, básicamente se acuesta al niño cuando está bien despierto. Si llora, no debe consolarlo ni levantarlo. Simplemente le dejará llorar hasta que se canse y se duerma. Este método fue popularizado por Richard

Ferber, un pediatra asociado al Centro de Trastornos Pediátricos del Sueño. Según el método de Ferber, se cree que el bebé o el niño pequeño aprenderá tarde o temprano a calmarse solo y a dormir sin ayuda externa. Aunque llore un rato, se dormirá pronto cuando se dé cuenta de que nadie viene a consolarlo.

Este método puede sonar un poco duro, pero se ha utilizado durante años, y es eficaz. Una vez más, para usar este método debe sentirse cómodo. Si su hijo pequeño llora sin parar, no olvide revisarlo. Sus defensores sugieren que llorar hasta dormirse no será una experiencia traumática para el bebé si lo revisa regularmente.

Método «sin lágrimas»

Si siente incomodidad con el método anterior o no funcionó con su bebé (no muestra ningún cambio positivo en dos semanas), es hora de probar algo nuevo. A diferencia del método anterior, este es gradual, y acostumbrará lentamente a su hijo pequeño a dormir toda la noche sin dificultad. Este método se basa en una rutina bien estructurada antes de acostarse, que le permite conectarse con su bebé mediante un reconfortante ritual para ir a dormir, y también atender rápidamente a cualquiera de sus peticiones de consuelo. Hará que su bebé se sienta amado y seguro mientras duerme solo.

Empiece por diseñar una rutina de siestas simple, pero consistente, durante el día para su hijo. Si usted regula sus siestas durante el día, será más fácil regular su horario de sueño por la noche. Intente que su hijo se duerma un poco antes de lo habitual, entre las 6:30 y las 7:30 p. m. Muchos padres suelen equivocarse al permitir que sus niños pequeños permanezcan despiertos más tiempo, creyendo que se cansarán. Deseche esta idea equivocada. Si permite que su hijo se quede despierto después de su hora ideal de dormir, solo se pondrá de mal humor y aumentarán las interacciones desagradables. Si permite que su bebé permanezca despierto más tiempo, se acostumbrará a permanecer despierto por la noche y a dormir durante el día. En pocas palabras, si su bebé está demasiado cansado o sobre estimulado, no podrá dormirse por la noche.

Ya que este método consiste en hacer cambios graduales, primero establezca una hora de dormir ideal para él. Por ejemplo, si su bebé normalmente se duerme a las 8:30 o 9 p. m., no cambie drásticamente a las 6:30 o 7:30 p. m., redúzcalo de a 30 minutos. Siga haciéndolo hasta llegar a la hora deseada para ir a la cama.

El siguiente paso es crear un ritual relajante y reconfortante para la hora de dormir. Una vez que el ritual esté listo, asegúrese de seguirlo consistentemente. Por ejemplo, incluya un baño caliente, un tiempo de cuentos, una canción de cuna, o incluso música tranquila. Después de esto, puede bajar las luces, cambiarle la ropa y acostarlo a dormir. La rutina debe ser consistente, y no debe haber desvíos. Esta rutina no es solo para usted; cada persona que cuide a su niño pequeño debe seguir la misma rutina, sin importar dónde se encuentre.

Invente una frase, una palabra o incluso un sonido que sirva como señal externa para indicarle la hora de acostarse a su bebé. Por ejemplo, puede decir «Shhh» suavemente o incluso utilizar una frase como «Es hora de acostarse» o «Es de noche» cuando intenta dormir a su bebé. Repita esta frase, palabra o sonido. Después de un tiempo, la mente de su hijo pequeño asociará esta palabra y recordará que necesita dormir cada vez que utilice su código.

Otro aspecto importante: el entorno donde duerme. Asegúrese de que su hijo esté cómodo cuando lo acueste. Si el ambiente es demasiado ruidoso, brillante o bullicioso, estimulará en exceso los sentidos de su hijo, impidiendo que se duerma. También puede utilizar una máquina de ruido blanco como parte de su ritual de dormir. Ayuda a enmascarar cualquier ruido de fondo creando un ambiente relajante, lo cual suele ser útil. Mientras está a punto de dormirse, ponga música relajante, cante una canción de cuna o incluso lea un pequeño cuento para dormir. Incluir cuentos para dormir en el ritual le da la oportunidad de crear un vínculo con él. Aproveche al máximo estos momentos porque el vínculo que se establece durante la infancia (especialmente en la primera infancia), es inigualable.

Si usa este método, preste atención a sus lloriqueos soñolientos y a sus verdaderos gritos. Puede ser tentador revisar a su pequeño al oír cualquier sonido en su habitación. A menos que sea un llanto de verdad, no lo haga. Si lo sigue molestando mientras intenta dormir, no aprenderá a dormirse. Sin embargo, puede controlarlo después de una o dos horas durante las fases iniciales. Use este método para aumentar gradualmente el tiempo entre los controles nocturnos.

Crianza positiva y entrenamiento para dormir

Este es un escenario con el que muchos padres podrían estar familiarizados. Son cerca de las 8 p. m., y es la hora de acostarse para Adam, de dos años. La madre dice: «Adam, es hora de ir a la cama inmediatamente». Sin embargo, Adam parece tener otros planes. Grita: « ¡No!» y se dirige a la sala de juegos. La madre lo sigue y le dice: «Adam, cariño, es hora de que te duermas. Por favor, ven». Adam sacude con vehemencia su cabeza, «no», y continúa jugando con sus juguetes. Esto es el colmo, y la madre pierde la calma. Ella coge a Adam, y él se agita, grita y gruñe mientras agita sus brazos. Ella dice, «¡Detente inmediatamente, o de lo contrario!». Esto hace que Adam se ponga nervioso mientras redobla sus esfuerzos por alejarse de su madre. Llora aún más fuerte, y la lucha emocional y física por el poder continúa. La madre de alguna manera consigue que se cepille los dientes, se cambie el pijama, lo besa y lo acuesta.

Uf, ella respira con alivio, pensando que la batalla de esta noche ha terminado. Antes de dar diez pasos, oye a su hijo decir: «Mami, necesito agua». Resignada, la madre le da a beber agua. A estas alturas, está frustrada y cansada. Después de esto, ella dice rígidamente: «Ve a dormir ahora. No quiero escuchar otra palabra de ti. ¡Buenas noches!». Esto deja al pequeño Adam de dos años llorando sobre su almohada mientras intenta dormir.

¿Le suena familiar este escenario? A muchos padres les puede resultar difícil de creer, pero no están solos; estas luchas de poder son comunes. En lugar de hacer que la hora de acostarse parezca un castigo duro o una rutina desagradable, puede corregir rápidamente esta situación utilizando la disciplina positiva. Mientras utiliza los métodos de entrenamiento para dormir presentados anteriormente, aquí hay alguna cosas simples que puede recordar para reducir los problemas que enfrentará durante el proceso.

Si se enfrasca en desagradables luchas de poder, pronto se verá afectado el vínculo que comparte con su hijo pequeño. Terminará sintiéndose culpable y frustrado mientras que el niño pequeño se sentirá incomprendido. Por lo tanto, la idea más sencilla es ver la situación desde su perspectiva.

Si observa la situación desde la perspectiva del niño pequeño, tendrá una mejor comprensión de por qué se comportó de tal manera. Jugaba con sus juguetes y la pasaba bien. Entonces, un adulto entró y le dijo que se detenga y se vaya a dormir. Así diga que no, el adulto no lo escuchará. Por el contrario, guardará todo y llevará a cabo el ritual de la hora de dormir. El niño no está listo todavía y se ve forzado a hacerlo. Imagine si alguien le hiciera algo similar. Todos queremos que nuestros deseos sean respetados; el niño pequeño no es una excepción. En lugar de caer en luchas de poder, es mejor entender cómo puede sentirse. Uno se sentiría ultrajado, enfadado, frustrado e incluso controlado si se invirtieran los papeles. Muchos padres no entienden que, aunque su hijo pequeño no sea un adulto, siente todo esto, como cualquier otro humano.

Es un individuo, quiere ser respetado y comprendido. Si le quita este poder, se le hará difícil expresarse. Se resiste porque no está cansado ni tiene sueño, y no disfruta de sentirse controlado. ¡A nadie le gusta que le den órdenes! Recuerde esto cuando trate con su niño pequeño. En lugar de ordenar a su hijo que haga algo que empeore la situación, puede hacer cosas distintas.

Haga que sea especial

El ritual de la hora de dormir puede ser un momento especial para crear lazos y fortalecer la cercanía y la conexión entre padres e hijos. Por lo general, los padres están cansados del día, y por la noche, quieren acostar a sus pequeños a dormir. A los padres, terminar esta tarea les da un descanso de los rituales diarios y les ofrece un tiempo de tranquilidad. Sin embargo, transmite el mensaje equivocado al niño pequeño. El niño puede creer que sus padres están tratando de deshacerse de él acostándolo a dormir. En el escenario anterior, el deseo de Adam de tomar un vaso de agua antes de ir a la cama era su forma de pasar más tiempo con su madre. Entonces, ¿por qué un niño se resiste antes de ir a dormir? Es su declaración de independencia, quiere sentirse más cerca de sus padres, quiere tener una sensación de control sobre lo que pasa en su vida, y quiere ser escuchado y respetado.

Para asegurarse de que su hijo se duerma sin luchar y que todas sus necesidades y deseos están satisfechos, *respete sus propias necesidades.* Usted es un humano y no una máquina incansable. A menos que se cuide durante el día, no podrá lidiar con el ritual de la hora de dormir de su hijo sin sentirse agotado. Asegúrese de que la hora de acostar a su hijo le deje al menos una hora de descanso. Una vez que acueste a su hijo pequeño, necesita tiempo para relajarse y descansar. Lo ideal es comenzar el ritual de la hora de acostarse entre 45 minutos y una hora antes. Por ejemplo, si la hora de acostarse de su hijo es a las 8:30 p. m., comience el ritual alrededor de las 7:45 p. m. Además, siempre que sea posible, ambos padres deben tratar de participar en el proceso. Esto ayuda a fortalecer el vínculo, y a la vez elimina las innecesarias luchas de poder.

La rutina es la quintaesencia para un bebé de entre 12 y 24 meses. Proporciona una sensación de seguridad y protección. Siempre es ideal ofrecer a su hijo dos opciones en lugar de ordenarle que haga algo. Le da control sobre lo que le sucede. Por ejemplo, puede respetar su noción del tiempo diciéndole que le quedan 10 o 20 minutos de juego antes de dormir. Cuando es hora de empezar el ritual de la hora de dormir, puede preguntarle, «¿Quieres dormir con un peluche o una almohada?» «¿Quieres ponerte el pijama de batman o de dinosaurio?» o «¿Quién quieres que te ayude a ir al baño?» «¿Quieres escuchar una nana o leer un cuento juntos?» «¿Cuántos besos quieres antes de dormir?». En todos los casos, le ofrece opciones y cualquier elección está bien para usted.

Después de esto, puede hablar con él unos minutos sobre su día; de lo que más le gustó y lo que no le gustó. Tenga en cuenta sus sugerencias para estructurar la rutina. Una vez que haya cumplido todos estos pasos, es momento de terminar el ritual de la hora de dormir. Recuerde, no debe hablar con él después de que el ritual termine. Simplemente salga de su habitación tras darle las buenas noches. Si su hijo se despierta tan pronto como usted sale de la habitación y regresa a buscarlo, guíelo de nuevo a su cama con gentileza. No sea duro o severo. En cambio, dígale amorosamente que es hora de que se duerma. Este comportamiento puede suceder durante los primeros días del entrenamiento para dormir. Sin embargo, después de un tiempo, se acostumbrará.

Cómo lidiar con las pesadillas y los terrores nocturnos

Los términos «pesadilla» y «terror nocturno» pueden sonar iguales, pero no lo son. Aprender a lidiar con las pesadillas y los terrores nocturnos de su hijo es importante para abordar el problema adecuadamente. Por lo general, niños de tan solo dos años pueden tener pesadillas y terrores nocturnos. Estos dos elementos son comúnmente empleados por el cerebro para procesar información y emociones. Desaparecen a medida que el niño crece.

Cualquier mal sueño, pero realista, se conoce como pesadilla de niño pequeño y perturbará el sueño de su hijo. Su niño pequeño puede recordar o revivir su pesadilla cuando despierte. Puede que también quiera hablar al respecto con usted. Naturalmente, le será difícil dormirse después de tener una pesadilla. Las pesadillas ocurren comúnmente en la etapa más ligera del sueño REM (movimiento ocular rápido), durante las primeras horas de cada día.

Los terrores nocturnos son sutilmente diferentes. No se sorprenda si su hijo parece bien despierto con los ojos abiertos y grita, camina sonámbulo, se agita, jadea o suda mucho *mientras duerme.* Es posible que su hijo grite su nombre, pero no perciba o no sienta su presencia por completo. Puede que usted recuerde completamente tales incidentes, pero su hijo no. Los terrores nocturnos suelen ocurrir durante las etapas profundas del sueño no REM. Pueden durar hasta 45 minutos, y su hijo puede quedarse dormido inmediatamente después.

El primer paso para aprender a manejar las pesadillas y los terrores nocturnos de su hijo es comprender la diferencia entre ambos. Su hijo puede parecer un poco inquieto durante el estado de sueño, pero una vez despierto, llorará, entrará en pánico o gritará. Querrá que lo consuele y expresarse verbalmente usando sus palabras para explicar lo que ha experimentado.

Si su niño pequeño tiene terrores nocturnos, incluso si parece despierto, se encuentra profundamente dormido. Si usted lo consuela, no podrá sentir su presencia reconfortante durante un terror nocturno. Además, no recordará tales episodios.

Diferentes razones pueden causar pesadillas y terrores nocturnos en los niños. Un factor común es que les cuesta diferenciar la realidad y la fantasía. Cualquier estrés o ansiedad que experimenten durante sus horas de vigilia puede desencadenar pesadillas o terrores nocturnos. Por ejemplo, tal vez su hijo pequeño vio un bicho de aspecto aterrador, está abrumado debido a la reciente mudanza a una nueva ciudad, cambió el horario de trabajo de los padres, o tuvo cualquier otro cambio importante en su vida. Una vez que lidie con el miedo y la ansiedad subyacentes, las pesadillas y los terrores nocturnos desaparecerán.

Cualquier cambio errático en los patrones de sueño de su hijo pequeño, una enfermedad, la falta de sueño, o incluso ciertos medicamentos, pueden desencadenarlos. Se cree que la alta frecuencia de los episodios puede asociarse a una historia familiar con presencia de terrores nocturnos. Recuerde que su hijo pequeño procesa mucha información tratando de adaptarse a la realidad de la vida. Como hay mucho que procesar, sus sentidos pueden verse sobre estimulados, y toda esta información se manifiesta en el mundo de los sueños. La duración del ciclo de sueño de un niño pequeño aumenta con la edad. Esto también abre una ventana a los sueños más largos y, quizás, pesadillas.

Si su hijo parece tener una pesadilla, lo mejor que puede hacer es consolarlo con frases suaves, tranquilizadoras y cariñosas; incluso hacer sonidos tranquilizadores le hará sentirse seguro y protegido. Puede ayudarle a volver a dormirse después de una pesadilla asegurándole que todo está bien. Decirle: «Solo fue un sueño, vuelve a dormirte, cariño» podría no ser suficiente para un niño de dos años asustado. En vez de eso, puede ayudar: «Cariño, solo estabas jugando a imaginar cosas mientras dormías». También podría revisar los espacios oscuros de su habitación, como debajo de la cama o en el armario para mostrarle que no hay peligro.

No minimice los miedos de su hijo. Puede que no le asusten a usted, pero seguramente le asustan a él. Además, quizás quiera llevarlo a su habitación para dormir en la cama con él. Evite hacer esto. En cambio, pase más tiempo calmándolo para que se duerma. Hay maneras simples de reducir las posibilidades de que ocurra una pesadilla, como asegurarse de que su hijo pequeño tenga un ritual relajante a la hora de dormir, dejar la luz de noche encendida o dejar la puerta del dormitorio ligeramente entreabierta. No lea ningún cuento de miedo ni permita que su pequeño vea películas de miedo justo antes de irse a la cama.

Los terrores nocturnos no suelen ser una condición permanente y desaparecen tras unas pocas semanas. No puede hacer mucho para detener los terrores nocturnos ni consolar a su pequeño mientras suceden. Intentar despertar a su hijo del terror nocturno lo dejaría desorientado, agitado y confundido. De la misma manera, no intente abrazarlo, aunque parezca estar muy despierto. Si está despierto, hablará con usted. En cambio, si llora, grita y se agita, es mejor dejar que el terror nocturno siga su curso. Como no puede recordar lo que pasó, es probable que se vuelva a dormir cuando el terror nocturno haya terminado. No mencione nada sobre el terror nocturno al día siguiente.

Lo mejor que puede hacer para lidiar con el terror nocturno es asegurarse de que no haya estrés o ansiedad subyacente en la vida de su hijo. Dedique más tiempo a su pequeño, pase tiempo de calidad juntos como familia, y disfrute de las actividades que él disfruta, como leer libros juntos, acurrucarse o incluso bañarse. Intente que su horario de sueño vuelva a ser adecuado y evite las siestas diurnas.

Antes de buscar ayuda médica, lo ideal es llevar un diario para registrar la frecuencia de sus pesadillas y terrores nocturnos. Lleve un registro de la hora en que se acuesta, el sueño que tiene cada noche, si necesita algún objeto para dormirse, el número de veces que se despierta y la duración de cada interrupción del sueño, el número de siestas durante el día y cualquier posible desencadenante de las pesadillas. Si ha intentado todo para lidiar con su estrés y ansiedad, es hora de buscar ayuda médica. Un pediatra podría usar la información de su diario de sueño para detectar el problema. No hay mucho que pueda hacer para detener una pesadilla o un terror nocturno, pero puede ser una presencia reconfortante en la vida de su hijo pequeño.

Cómo lidiar con mojar la cama

Según *Bedwetting In US Children: Epidemiology And Related Behavior Problems (1996)* cerca del 30% de los niños menores de cinco años mojan la cama en Estados Unidos. La mayoría de los niños aprenden a usar el baño entre los dos y cuatro años, pero es posible que no puedan mantenerse secos todo el día o la noche hasta que sean mayores. Mojar la cama no es una condición médica problemática, pero puede ser un desafío para los padres y los niños. Antes de aprender a lidiar con la enuresis, es importante entender qué la causa. A continuación se presentan algunas de las causas probables de mojar la cama:

- El niño puede tener un sueño muy profundo y no se despierta, incluso si su vejiga está llena.

- Es probable que no haya aprendido a controlar los movimientos de la vejiga y que se esté desarrollando la conexión entre el cerebro y la vejiga.

- El niño bebe mucha agua antes de irse a dormir y, por lo tanto, su cuerpo produce más orina por la noche.

- Puede haber antecedentes de mojar la cama en la familia. Normalmente, se cree que si un niño es propenso a mojar la cama, es probablemente porque uno o ambos padres tienen el mismo problema.

- El niño está enfermo, cansado o no soporta el estrés o los cambios en casa.

- La vejiga del niño es pequeña y no puede contener toda la orina producida durante la noche.

- La causa final puede ser una condición médica subyacente.

Mientras está enseñándole a su hijo a ir al baño, puede tener algunos accidentes, lo cual no es raro. Pueden pasar días, semanas o meses antes de tener un accidente. Si esto sucede, no hay nada de qué preocuparse, solo hay que tener paciencia. En el siguiente capítulo aprenderá más sobre enseñarle a su hijo a ir al baño. Por ahora, nos concentraremos en los problemas de mojar la cama. Si su hijo tiene un accidente después de semanas de ir al baño, empiece de nuevo.

A continuación, presentamos algunas preguntas que debe tener en cuenta si le preocupa que su hijo se orine en la cama o si se ha quejado al respecto.

- ¿La enuresis es un problema familiar?

- ¿Con qué frecuencia y en qué momentos orina su hijo pequeño durante el día?

- ¿Hay estrés o ha ocurrido algún cambio importante en casa, como por ejemplo mudarse a una nueva ciudad, dar la bienvenida a un nuevo bebé o incluso problemas maritales?

- ¿Su hijo pequeño consume muchos líquidos antes de acostarse?

- ¿Hay algo inusual en la orina de su niño pequeño?

- Si usted le ha enseñado a su hijo a usar el baño durante seis meses o más y comienza a mojar la cama, puede deberse a una condición médica subyacente. A continuación se enumeran algunos problemas médicos que pueden desencadenar la enuresis repentinamente:

  - Cambios en la frecuencia y el momento en que su hijo pequeño orina durante el día

  - Si hay alguna alteración en su forma de caminar, podría ser un síntoma de una condición neurológica subyacente.

  - Hay humedad continuamente.

  - El niño es propenso a mojar la cama durante el día y la noche.

  - Se queja de una sensación dolorosa de ardor al orinar.

  - Produce constantemente un hilo de orina incluso después de orinar.

  - Orina rosada o turbia junto con manchas de sangre en sus calzoncillos.

Si nota alguna de estas señales, debe buscar atención médica inmediatamente. Suelen estar relacionadas con un problema de riñón o vejiga.

¿Cómo controlar la enuresis?

Hay consejos simples y prácticos que puede utilizar para tratar con éxito la enuresis de su hijo pequeño.

Independientemente de lo que suceda o de lo cansado que se encuentre, no lo culpe. Si grita, gruñe o lo menosprecia, se asustará y le dejará marcas. Creerá que mojar la cama es algo malo y que será castigado. Todas estas cosas empeorarán aún más el problema.

Aprenda a ser sensible a sus sentimientos. Si genera un gran problema a causa de sus accidentes por mojar la cama, se sentirá avergonzado. Esto solo aumentará la vergüenza que siente después del accidente. Por lo tanto, no genere un gran problema alrededor de ello y enfréntelo con calma y de forma positiva. Recuérdele que es normal y que no es algo malo.

Hable con él y sea honesto al abordar la situación. Cuando le explique que no es su culpa y que la mayoría de los niños tienen accidentes mientras crecen, se sentirá mejor.

Si crea un ambiente positivo, se hará más fácil tratar el tema. Una forma sencilla es darle una responsabilidad. Si moja la cama, anímelo a ayudar a limpiar. No tiene que cambiar las sábanas solo, pero podría mover las almohadas o un peluche. Al darle algo de responsabilidad, se sentirá más en control de la situación.

Otra forma de afrontarlo es proteger la cama con una cubierta plástica sobre el colchón. Hágalo si sabe que su hijo ha tenido casos de enuresis.

No solo usted debe crear un ambiente positivo, todos en el hogar deben cumplir con esta regla. Nadie debe burlarse del niño pequeño, y no deben molestarlo. Probablemente se sienta avergonzado, y si otros se burlan o se ríen de él, se sentirá peor. Este tipo de comportamiento de los adultos puede empeorar los problemas de enuresis.

Para reducir la posibilidad de enuresis, evite dar a su hijo una bebida grande antes de irse a la cama. Además, asegúrese de que vacíe su vejiga antes de dormir. Mientras trata el problema, puede despertarlo una o dos veces por la noche y animarlo a orinar. Más vale prevenir que curar.

Cómo evitar el co-lecho

Muchos padres deciden dormir con sus hijos porque es la mejor manera de dormir lo suficiente durante los primeros meses. Sin embargo, no es lo ideal. Ya sea por conveniencia o para estrechar lazos, el dormir juntos no es bueno, especialmente si quiere que su hijo pequeño se vuelva independiente y autónomo. Si su hijo pequeño se acostumbra a dormir con usted durante años, acostumbrarse a dormir solo no será fácil. Cuanto antes empiece, más fácil resultará.

Para dejar de dormir con su hijo recién nacido o hasta de 18 meses, acostúmbrelo a dormir en la cuna o en el moisés. Cuando necesite dormir, póngalo siempre en aquel lugar para que tome una siesta, y *nunca en otro*. Puede ser tentador acurrucarse con su pequeño en la cama, especialmente cuando se despierta para alimentarse o hacer pis. No se acurruque con su pequeño en la cama hasta que dejen de dormir juntos.

Haga una transición lenta con su bebé y asegúrese de que tenga un lugar seguro para dormir. La habitación no debe ser demasiado oscura, coloque sus mantas, almohadas y juguetes de peluche en el lugar donde dormirá. También puede utilizar una máquina de ruido blanco para asegurarse de eliminar ruidos de fondo que lo despierten. Ya sea que esté probando el método de Ferber o el método sin lágrimas, debe enseñar a su bebé a dormirse solo. Utilice los consejos mencionados en las secciones anteriores para crear un ritual relajante a la hora de acostarle mientras pasa de dormir juntos a dormir en su cuna o moisés.

¿Cómo puede dejar de dormir con su bebé de entre 18 y 48 meses? Si su hijo pequeño ha estado durmiendo con usted durante 18 meses, es probable que se halla acostumbrado. No puede decidir que un día de repente tiene que dejar de hacerlo, y simplemente ponerlo a dormir en su habitación. No funcionará y será un cambio drástico para su pequeño. Este choque le impediría dormir cómodamente por la noche. En cambio, comience lentamente. Hable con su pequeño sobre la necesidad de dormir en su habitación. Podría llamarla la habitación de los «niños grandes» y explicarle que necesita una habitación para él solo, ya que *es un niño grande*.

Puede facilitar el cambio dándole un giro positivo. No olvide repetir el relajante y consistente ritual de la hora de dormir cada noche. Asegúrese de reservar un tiempo para abrazar y crear lazos con su pequeño. Si sigue esta rutina y le anima a dormir en su habitación, pronto se acostumbrará. No olvide utilizar las técnicas y consejos para dormir que se han comentado en las secciones anteriores. Otra forma sencilla de asegurar que su hijo se sienta cómodo por la noche es asegurándole que todo estará bien y saliendo de la habitación. Aunque llore un rato, pronto dejará de hacerlo.

El entrenamiento para dormir requiere tiempo, esfuerzo y paciencia. Si un método no funciona, pruebe otro.

Capítulo cinco: El entrenamiento de su hijo pequeño para usar el baño

Un hito importante en el desarrollo de su hijo es dejar de usar pañales y toallitas. Puede que su corazón salte con infinita alegría porque su pequeño finalmente aprendió a dejar de «hacer sus necesidades» en los pañales. El siguiente paso lógico en el que debe concentrarse es en enseñarle a ir al baño. Esto requiere esfuerzo constante de todos los cuidadores en la vida de su niño pequeño. En este capítulo, aprenderá a identificar los signos que indican que su pequeño está listo para empezar a usar el baño, consejos positivos para padres para que la enseñanza del uso del baño sea más sencilla y cómo superar los problemas comunes de la enseñanza del uso del baño que podría enfrentar.

Cómo comenzar el entrenamiento para ir al baño

Signos de que está preparado

Lo ideal es que los niños entre 18 y 24 meses estén listos para ir al baño. Sin embargo, no hay prisa, y como cada niño crece a su ritmo, no se preocupe, aunque tenga tres años. Si tarda un poco más en empezar, está bien. No importa a qué edad se empieza, aquí presentamos las señales que indican el momento adecuado, a las cuales debe prestar atención.

Uno de los primeros signos de que el niño está listo para ir al baño es que el pañal permanece seco durante más de dos horas. Básicamente muestra la habilidad de su pequeño para aguantar unas horas. Este es un signo positivo, no olvide revisar sus pañales cada dos horas cuando tenga entre 18 y 24 meses.

Otro signo común es que parece interesado en usar el baño: si *le gusta* sentarse en el inodoro, habla sobre usarlo o está ansioso por intentarlo, empiece inmediatamente. Los niños pequeños son curiosos, y si están preparados podrían demostrarlo por su curiosidad de usar el baño como los adultos.

Alrededor de esta etapa, su niño pequeño también puede expresar su deseo de ir al baño y puede seguir las instrucciones sencillas que usted le dé. Si puede bajar o subir el elástico de sus calzoncillos antes o después de ir sin ayuda, es una señal de preparación. Si lo nota reacio a ir al baño, incluso después de mostrar estas señales, no hay nada de lo que preocuparse. Está bien esperar un poco más y permitir que su hijo esté completamente preparado para este paso.

Otros signos de preparación incluyen evacuaciones intestinales regulares, o cualquier expresión oral sobre su deseo de ir al baño. Si su hijo pequeño sigue comunicando felizmente el momento de orinar o hacer caca, anímelo a ir al baño. Otra señal: ya no quiere seguir usando pañales húmedos o sucios.

Empezar a hablar

Si está contento, alegre y entusiasmado respecto a la enseñanza del uso del baño, todas estas emociones positivas se le contagiarán a su pequeño. Por lo tanto, siempre mantenga una actitud positiva al hablar del uso del baño; sea alentador. Empiece a enseñarle sobre el control de esfínteres animándolo a sentarse en el inodoro, incluso cuando esté vestido. Esto ayudará a crear familiaridad. También puede colocar algunos de sus juguetes en el baño para que parezca menos intimidante. Puede que no parezca difícil para un adulto, pero es un cambio importante para su pequeño. Por lo tanto, trate de ver la situación desde su perspectiva. Antes de animarle a sentarse en el inodoro, puede mostrarle cómo se hace estando completamente vestido.

Otra forma de darle un giro positivo a este nuevo cambio es ofrecerle opciones, permitiéndole sentirse en control. También minimiza las dificultades que pueda haber. Sin embargo, piense las opciones que le ofrece. Si le hace una pregunta como « ¿Quieres ir al baño?» prepárese para recibir un «no» como respuesta. En cambio, puede preguntarle, «¿Quieres usar tus calzoncillos de niño grande?» o «¿Quieres probarte tus nuevos calzoncillos?». Es probable que así se sienta tentado a hacerlo.

Si su pequeño parece asustado, ansioso o se resiste sin importar cuánto lo intente, dele tiempo. Puede intentar el entrenamiento más tarde. A menos que esté listo, el entrenamiento para usar el baño se convertirá en una batalla imposible.

También podría interesarse al ver a otros niños de su edad usando el baño, o a otros adultos. Use esta técnica solo si se siente 100% cómodo con ella. Por ejemplo, puede bajarse los pantalones y sentarse en el inodoro y hablar con entusiasmo y emoción sobre el proceso. Explicar el proceso y lo que siente reduce cualquier miedo e incertidumbre que su pequeño pueda sentir. Si le gusta leerle historias a su pequeño, puede animarlo con historias sobre el entrenamiento para usar al baño. Ayudará a su hijo a ver que los personajes experimentan las alegrías de este nuevo paso y a la vez se entretendrá.

Los padres también necesitan ayuda

Recuerde, no solo su hijo necesita estar listo, usted también debe ser constante. Usted es el guía de su hijo, y necesita dar cada paso del camino con él. Durante los primeros días, los padres se emocionan y se entusiasman con el proceso y se apresuran a atender a su hijo para asegurarse de que use el baño con regularidad. Sin embargo, cuando empiezan a ocuparse tienden a perder este hábito. Comprenda que cada niño se desarrolla a su ritmo; algunos pueden acostumbrarse inmediatamente, mientras que otros necesitan más ayuda.

Si se producen otros cambios importantes en la vida de su hijo pequeño, espere un tiempo antes de empezar con el baño. Los niños pequeños tardan más tiempo en acostumbrarse a los cambios que los adultos y los procesan de forma diferente. Algunos ejemplos de cambios importantes incluyen dar la bienvenida a un bebé a casa, mudarse, o entrenarlo para dormir.

Durante las etapas iniciales, lo ideal es programar un temporizador para recordar que es hora de que el niño vaya al baño. Lo ideal es programar entre 30 minutos y dos horas en el temporizador, según las necesidades de su hijo. También puede utilizar esta técnica para recordarle casualmente a su hijo que lleva «calzoncillos de niño grande» y no sus pañales de antes. Podría decir algo como, «Llevas tus calzoncillos de niño grande y deberías usar el baño cuando necesites ir». Asegúrese de que su tono se mantenga alegre y emocionado cuando habla de cosas relacionadas con el aprendizaje del uso del baño. No olvide involucrar a su hijo en el proceso. Por ejemplo, si usa un temporizador, anime a su hijo pequeño a entender su significado. Cuando suene, puede preguntarle: «¿Qué hora es?». Las primeras veces, debe responder emocionado: «Es hora de ir al baño». Después de un par de intentos, el niño le seguirá el juego. Si no oye la alarma del temporizador, él se lo recordará si la escucha.

No se trata solo de usar el baño; también hay que enseñarle sobre una buena higiene personal. Después de que termine, no olvide animarle a que se lave las manos. Este hábito le durará toda la vida.

Consejos para preparar a su hijo pequeño para ir al baño

Su hijo puede estar listo para empezar a ir al baño, pero no tire los pañales, al menos, no todavía. ¡La transición de los pañales al uso del baño no es simple! Reflexione sobre los siguientes consejos.

Antes de empezar a usar el baño, motive a su hijo explicándole los diferentes beneficios de usar el baño como un adulto. Por ejemplo, podría decir algo como: «Vas a usar ropa interior de niño grande», «La ropa interior nueva es divertida» o «¡Puedes empezar a tirar de la cadena como hacen mamá y papá!». Sin embargo, tenga cuidado al usar frases positivas para enseñarle a ir al baño. Por ejemplo, nunca debe burlarse de los hábitos anteriores de su hijo o hacerlos parecer infantiles. Si lo hace, lo desmotivará e incluso podría resistirse al cambio.

Su hijo está creciendo, y si usted reconoce y elogia su crecimiento, le ayudará a fomentar el comportamiento positivo. Siempre que note un comportamiento de adulto, como beber de su taza sin derramar, compartir voluntariamente sus juguetes o comer solo, elógielo y dele muestras de afecto. No espere nada sofisticado a esta edad. Su comportamiento puede no ser tan refinado como el de un adulto, pero lo está haciendo. Cuando él sabe que usted apoya su crecimiento y desarrollo, su voluntad de representar buenos comportamientos también aumenta. Sin embargo, si lo presiona demasiado para que empiece a actuar como un adulto, será contraproducente, y puede empezar a extrañar las formas simples de sus días de bebé.

También podría mostrarle cómo usar el inodoro. La mayoría de las conductas y acciones que un niño pequeño aprende son una imitación de las que ve a su alrededor. Puede explicarle muchas cosas sobre la postura en cuclillas, hacer sus necesidades, limpiarse, tirar de la cadena y lavarse las manos, pero puede que no sea tan eficaz como mostrarle mientras le cuenta. En lugar de sermonearlo sobre todas estas cosas, muéstrele lo que debe hacer. Podría llevarlo con usted al baño y hacer una demostración. Si se siente incómodo frente a él, puede mostrarle estas acciones completamente vestido. También puede usar su peluche favorito para explicarle el proceso.

Vista a su niño para facilitar el entrenamiento para ir al baño, y los movimientos de bajar y subir los pantalones. Si hay demasiados botones o ganchos difíciles de quitar, se complicará el proceso. Mejor, elija ropa elástica que se pueda subir y bajar fácilmente. Anímelo a practicar estas maniobras antes de entrenar en el baño. Pídale que se baje los pantalones y que los suba. También puede hacer un juego cronometrando el tiempo que tarda en repetir estas maniobras. Así le será más fácil repetirlas cuando llegue el momento.

Tiene que reducir poco a poco la brecha entre los pañales y hacer la transición al uso del baño como un adulto. El cuarto donde se coloca la bacinilla puede ser usado para cambiar sus pañales. Si se realiza el cambio por etapas, se hace más fácil la transición del uso de los pañales al baño. Después de que ensucie el pañal, llévelo al baño para que vea cómo deshecha el contenido. No se sorprenda si el sonido de la descarga de agua asusta a su pequeño. Si se asusta, por el momento solo tírelo, y podrá enseñarle a jalar de la cadena más adelante.

También necesita una bacinilla de entrenamiento. El diseño que elija debe ser fuerte, resistente y duradero. Si es una estructura endeble, podría volcarse cuando su hijo se suba. Para hacer las cosas más emocionantes y aumentar la motivación de su hijo para usar la bacinilla, puede acompañarlo a comprarla. Cuanto más implicado esté su hijo en este proceso, más fácil le resultará enseñarle a usar el baño. Si se niega a usar la bacinilla para bebés y desea usar el baño para adultos, puede comprar nuestro asiento de bacinilla, que puede fijarse al inodoro. Si es necesario, también puede requerir un pequeño taburete o un reposapiés que pueda usar para alcanzar el inodoro.

Consejos para empezar a usar el inodoro

Después de seguir los diferentes consejos y sugerencias de la sección anterior, será hora de empezar. Los pasos anteriores ayudaron a sentar las bases necesarias para entrenar a su pequeño a ir al baño con éxito.

Es hora de cambiar a los *pull-ups* en lugar de pañales. Durante las etapas iniciales, sería ideal elegir los desechables. La principal ventaja de usar *pull-ups* es que puede bajarlos fácilmente como si fueran calzoncillos reales, una herramienta de entrenamiento muy útil. Además, si tiene un accidente, los *pull-ups* absorberán fácilmente su pis o caca y se podrán quitar fácilmente. Una vez que se acostumbre a usar el baño cuando necesite ir, podrá cambiar a los pantalones de entrenamiento lavables normales.

Observe de cerca a su pequeño durante esta etapa. Las señales de su cuerpo se hacen evidentes cada vez que necesita ir. Si presta atención a sus señales, será más fácil entrenarlo y reducir los accidentes. Algunos signos reveladores de que quiere usar el baño son el esfuerzo o la inquietud. Si sospecha que necesita usar el baño, puede preguntarle. Si se ha retrasado un poco en identificar las señales y ya se ha hecho sus necesidades, colóquelo en el inodoro después de bajar los calzoncillos para establecer una conexión entre el inodoro y las ganas de ir.

También puede animar a su hijo a que compruebe si está seco, como solía hacer cuando era más pequeño. No solo le dará una sensación de control, sino que también fomentará la confianza en sí mismo y la autoestima. Es una tarea pequeña, pero reconozca y aprecie su esfuerzo. Por ejemplo, si le dice que está seco, abrácelo o dele una palmadita en la espalda. Hágale saber que hizo algo bueno, y que usted lo aprecia. El refuerzo positivo durante el entrenamiento para ir al baño juega un papel enorme. De la misma manera, no pierda la calma ni la paciencia si tiene un accidente.

Para enseñar a su hijo a aprender las señales de su cuerpo, anímelo a desnudar su trasero. También puede dejarle que camine con el trasero descubierto en el patio o en una habitación con suelos lavables. Se hace difícil ignorar el pis o la caca si no hay pañales o calzoncillos para enmascararlos. Además, asegúrese de que su bacinilla de entrenamiento esté cerca si necesita usarla.

Asegúrese de mantener a su niño pequeño motivado durante esta etapa. Recuérdele suavemente que es una señal de que está creciendo. Cada vez que use el inodoro, dígale que así lo hacen todos los niños grandes y también los adultos. Ahora que es un niño grande, también necesita usar el inodoro. Ofrecer una recompensa pequeña y tangible es muy importante durante las etapas iniciales. Por ejemplo, podría poner una pegatina sonriente en su calendario cada vez que use el baño. O tal vez poner un centavo en su alcancía. Sin embargo, necesita eliminar lentamente las recompensas tangibles para evitar que su pequeño se vuelva dependiente. Puede reemplazarlas con elogios y muestras de afecto. Después de un tiempo, esto ayudará a desarrollar su motivación interna para usar el baño como los adultos.

Tiene que recordarle cuando tiene que ir, pero no regañándolo. Si lo regaña constantemente, probablemente se resistirá o dejará de decirle cuándo necesita ir. De la misma manera, nunca obligue a su hijo a que siga sentado en el inodoro con fuerza o por más tiempo del necesario. Si lo obliga a sentarse en el inodoro cuando no quiere, incluso cuando sepa que quiere ir, se crearán sentimientos negativos hacia el uso del baño. Una vez que esta asociación negativa se arraigue en su mente, deshacerla se convertirá en un desafío.

Incluso si su hijo pequeño está entusiasmado con el uso del inodoro, puede tardar un tiempo en aprender a usarlo. Llegar a dominarlo no es un proceso que se realice de la noche a la mañana y puede llevar varias semanas. A veces, se siente como si estuviera dando un paso adelante y dos atrás. Esto es común, y lo único que debe recordar es no perder la paciencia. Si es cariñoso, paciente y positivo durante todo el proceso, el viaje será más fácil para usted y para su hijo. Además, no se ponga expectativas poco realistas sobre el tiempo requerido. Las expectativas poco realistas no solo aumentan el estrés de su hijo, sino que también agobian la relación. Nunca castigue, avergüence o exagere si tiene un accidente. No haga estas cosas si él no quiere usar el baño todavía.

Nunca le niegue a su hijo pequeño ninguna bebida porque quiera enseñarle a ir al baño. Puede reducir el número de líquidos que consume antes de acostarse, pero no en otros momentos. Incluso si tiene un accidente, recuerde tratarlo de forma positiva. En cuanto a los líquidos, es injusto y poco saludable negárselos; en lugar de eso, aumente constantemente su consumo de líquidos, creando más momentos de enseñanza.

La crianza positiva y el entrenamiento en el uso del baño

No olvide sus modales

«Por favor», «gracias» y «lo siento». Nunca olvide estas tres palabras de oro. Todo lo que se necesita es un poco de cortesía para llamar la atención de su hijo. Si quiere que use el baño, use «por favor» en la frase, para que no parezca una orden. Sin embargo, no diga algo que pueda incitar a su hijo a decir «no». Por ejemplo, podría decirle: «Por favor, siéntate en el inodoro, y cuando termines, podemos salir a jugar». Una frase como esta no solo es cortés, sino que también ofrece un incentivo, que podría actuar como un estímulo. Ahora, el niño sabe que necesita sentarse en el inodoro y hacer su trabajo, y entonces será hora de jugar.

No avergüence al niño pequeño

Nunca avergüence a su hijo pequeño por su comportamiento. Si no lo escucha, cambie su forma de tratarlo, pero no lo menosprecie. Avergonzarlo o reprenderlo no es efectivo, y solo aumenta la posibilidad de accidentes. Como adultos, no nos gusta ser avergonzados, y la misma lógica se aplica a su hijo pequeño. Es algo humano. No lo amoneste si tiene un accidente o no usa el baño como le pidió; en cambio, ofrézcale una guía amorosa y gentil. En lugar de reprenderlo o avergonzarlo, elija el enfoque efectivo de hacerle saber lo que quiere que haga. Por ejemplo, puede frustrarse cuando tiene un accidente. No diga cosas como, « ¿Por qué no me dijiste que tuviste un accidente? Mira el desastre que hiciste». Estas frases tan duras le impedirán intentarlo en el futuro. Además, podría renunciar o retroceder. En vez de eso, intente decir algo como, «La próxima vez que necesites ir, házmelo saber». De esta manera, no solo le ha ofrecido orientación, sino que también le ha mostrado lo que quiere que haga.

Use elogios

Usar elogios es una gran manera de motivar a su pequeño para que vaya al baño. Cuando lo elogie, asegúrese de ser específico y entusiasta, pero no ponga demasiado énfasis en un resultado específico. Una forma sencilla de elogio puede ser un beso cariñoso o un abrazo, una palmadita en la espalda, o incluso un choque de manos. Estos gestos son alentadores y ayudan a su hijo a sentirse seguro. También aumentan las posibilidades de que repita las mismas acciones.

Si lo elogia debe ser de inmediato y no en un momento posterior. Si él hace algo que lo pone feliz a usted, dígaselo inmediatamente. Si lo deja para después, puede que él ni siquiera recuerde el evento.

Use elogios, pero con moderación. Asegúrese de usarlos en ocasiones especiales, y solo cuando su niño pequeño realmente lo merezca. Esto no significa que deba escatimar; significa que debe elegir las ocasiones sabiamente. Si lo alaba todo el tiempo, sin quererlo, convertirá a su hijo en un adicto a los elogios. La próxima vez que haga cualquier cosa, esperará elogios, y si no recibe lo que cree que merece, podrá sentirse molesto e irritado.

Establezca y siga una rutina

Los niños pequeños progresan cuando tienen una rutina. La rutina les da una sensación de seguridad, y también les ayuda a entender lo que los demás esperan de ellos. Por lo tanto, es importante establecer una rutina y atenerse a ella de manera consistente. Incluso si su hijo no siente necesidad de ir, cree una rutina para enseñarle a ir al baño con regularidad. Por ejemplo, en cuanto se despierte por la mañana, tras unos cinco minutos, llévelo al baño y siéntelo. Asegúrese de hacer lo mismo después de comidas, siestas y juegos. Cuando haya establecido la rutina de baño, asegúrese de que todos en la casa también la sigan.

Aprenda a ser paciente

La paciencia es una virtud, y es fundamental en la crianza de los hijos. Para todo lo relacionado con su pequeño, tiene que ser paciente. Su pequeño es nuevo en este mundo, aprende lentamente, y está destinado a cometer algunos errores. Aprenda a mantener la calma y no desahogue su frustración a costa suya. Si nota que ambos están constantemente en desacuerdo y su temperamento está en llamas, retroceda y tomen un descanso. Puede reanudar esta actividad después de una o dos semanas.

Sistema de apoyo

Todos necesitamos un poco de apoyo de vez en cuando. Puede confiar en su pediatra para que lo apoye mientras entrena a su pequeño para ir al baño. Además, puede hablar con otros padres, unirse a foros de apoyo en línea y salas de chat. Cuando sepa de otros padres que atraviesan la misma etapa, se sentirá infinitamente mejor con la situación. Cuando hable con otros, posiblemente encuentre algunos consejos que no se le ocurrieron antes.

Calendario de cuenta regresiva y tablas de pegatinas

Utilice las pegatinas como recompensas cada vez que su hijo vaya con éxito el baño. Coloque estos pequeños incentivos de papel en una tabla en su dormitorio, para permitir que los pegue él mismo cada vez que use el baño para orinar o hacer caca.

También puede usar un calendario de cuenta regresiva para marcar la fecha en la que quiere empezar a usar el baño. Asegúrese de ser optimista y entusiasmar a su pequeño para que empiece a usar el inodoro. Por ejemplo, si desea comenzar a usar el baño dentro de cinco días, marque la fecha en el calendario con una gran x. Dígale que es un evento que le entusiasma. Tan pronto como despierte a su pequeño por la mañana, dígale: «Faltan 5 días para que seas un niño grande», al día siguiente sería: «Faltan 4 días para que seas un niño grande», y así sucesivamente. Durante este período, use mucha charla positiva sobre el entrenamiento del baño. Dígale que los niños grandes usan calzoncillos y usan el inodoro para hacer sus necesidades. No lo haga parecer intimidante y mantenga las cosas ligeras y agradables.

Superar los problemas del entrenamiento para ir al baño

Esta sección le presentará otros problemas comunes del entrenamiento para ir al baño, y las maneras de superarlos.

Diferencia entre pis y caca

El niño podrá entender que necesita vaciar sus intestinos, pero no reconocerá la necesidad de orinar. Los niños pequeños pueden tardar un tiempo en tener un control completo sobre sus vejigas. Mientras tanto, puede que haya accidentes para los que necesite prepararse.

Acuclillarse y orinar

Todos los niños pequeños, no solo las niñas, podrían estar cómodos acuclillados y orinando en lugar de estar de pie. Si ve a su hijo hacer esto, no se preocupe. Puede que haya observado a los miembros de su familia sentados para orinar, y él hace lo mismo. Cuando crezca, podrá aprender a orinar parado. Esto depende de él, no lo cambie ahora mismo. En lo único que debe concentrarse es en que su hijo pequeño pueda reconocer sus ganas de orinar o vaciar sus intestinos.

Un poco demasiado curioso

Los niños pequeños son curiosos por naturaleza, y esta curiosidad es saludable. Por lo general, no es algo de lo que tenga que preocuparse. Sin embargo, si su pequeño se vuelve demasiado curioso y juega con sus heces, es hora de intervenir. No tiene que ser severo o enojarse cuando interviene; esta curiosidad es común, no tiene malas intenciones. Por lo tanto, maneje cuidadosamente la situación. Por ejemplo, podría decirle, «Esto no es un juguete», o «No deberías jugar con esto».

Lidiar con los accidentes

Lidiar con los accidentes es parte importante del entrenamiento para ir al baño. No se altere cuando tenga un accidente; trátelo con ligereza, tómeselo con calma y avance. Si le da demasiada importancia, asustará, intimidará, avergonzará y menospreciará a su pequeño.

Se resiste a hacer caca

Si su hijo se resiste, necesita más tiempo antes de estar listo para el entrenamiento para ir al baño. Siempre que note que está a punto de orinar o hacer caca, llévelo al lugar de la bacinilla. Asegúrese de que esté sentado allí durante unos minutos y no más. Explíquele el proceso y dígale que es natural. Sus palabras de aliento y elogios amorosos le darán la motivación necesaria para ir al baño.

Temor al baño

Los niños pequeños pueden temer al inodoro. Sí, el gran cuenco blanco y brillante que hace ruido es un objeto muy intimidante para un niño pequeño. Podría tener miedo de ser absorbido al tirar de la cadena. El sonido de la descarga podría asustarlo. Ambas cosas son comunes, y pueden superarse fácilmente. Por ejemplo, puede pararse con él en el sitio y animarlo a tirar pedazos de papel higiénico. Una vez que se dé cuenta de que tiene el control total sobre este objeto, el miedo probablemente se resolverá.

La caca se va por el inodoro

No se sorprenda demasiado si nota que su hijo se molesta cuando ve que la caca se va por el inodoro. Los niños pequeños a menudo creen que su caca es una parte natural del cuerpo en lugar de los desechos que produce. Por lo tanto, separarse de ella puede parecerles aterrador. Pase algún tiempo con su pequeño y explíquele que no necesita aferrarse a la caca, su cuerpo elimina lo que no necesita.

Pide pañales

Si nota que su hijo pequeño pide pañales cuando necesita ir al baño, pero luego va a un lugar especial para hacer sus necesidades, es una señal de que no está listo para ir al baño. Puede reconocer su impulso físico de defecar, pero no está mental o emocionalmente listo para ir al baño. No piense en ello como un fracaso absoluto. El primer paso del entrenamiento de la bacinilla es enseñar a su hijo a reconocer estos impulsos naturales. Ahora que lo reconoce, está bien tomarse un tiempo más antes de empezar a ir al baño. Por lo tanto, mantenga una actitud positiva y elógielo por entender cuándo necesita ir.

Momento equivocado

A veces, su hijo pequeño orinará o hará caca después de que lo saque del baño (esto suele suceder justo después de quitarlo.) Puede ser frustrante, pero por favor, mantenga la calma. También ocurre durante las primeras etapas del entrenamiento para usar el baño. Es una parte del proceso, y le llevará a su pequeño algún tiempo entender cómo relajar los músculos de su vejiga e intestino. Cuando tenga un mejor control de esfínteres, estos accidentes ocurrirán con menos frecuencia. Si esto sigue sucediendo y los hace sentir incómodos, tomen un descanso del entrenamiento para ir al baño; él no está listo para este proceso.

Señales de regresión

El estrés puede ser un factor de regresión. Si su hijo está estresado, es probable que regrese al nivel de desarrollo anterior con el cual se siente cómodo. Cambiarse a una nueva casa, una enfermedad, tener invitados en casa, o incluso pasar de dormir en su cuna a una cama podría ser estresante. Si nota que quiere usar sus pañales, pero tiene varios accidentes, es hora de dejar de usar el baño por un tiempo. Tómense un descanso, y podrá empezar de nuevo después de unos días. Si continúa mientras el niño está estresado, le incitará a alejarse y a acelerar la regresión.

Nivel de comodidad

A veces, los niños pequeños se sienten cómodos al usar el baño solo en presencia de ciertos individuos. Es normal, y es de esperarse. Si usted es la única persona con quien está cómodo dentro del baño, no se preocupe. Necesita salir gradualmente de la habitación, y pronto se acostumbrará a hacer la acción sin ayuda. Por ejemplo, puede ofrecerle ayuda para quitarle la ropa y después alejarse del baño. Puede tranquilizarlo al esperar afuera y ofrecerle palabras de aliento si es necesario.

Durante el entrenamiento para ir al baño, prepárese para lidiar con algunos baches en el camino, no será fácil, pero es factible. Si sigue los sencillos consejos y sugerencias que se analizan en esta sección, podrá entrenar a su hijo para ir al baño con éxito en unas pocas semanas.

Capítulo seis: Lidiando con los berrinches y el mal comportamiento

Ver a su pequeño crecer es una experiencia increíble. Desde su primera risa hasta los primeros pasos que da y las palabras que pronuncia, el viaje está plagado de momentos hermosos e inolvidables. Ciertas cosas no son tan agradables, pero aun así son parte del proceso de crecimiento. Por ejemplo, puede que haya oído hablar de los terribles dos. La mayoría de los padres le temen a esa edad. ¿Se pregunta por qué? El período entre 24 y 36 meses es emocionante para su hijo pequeño, y es cuando se da cuenta de que es una entidad aparte de los adultos que lo rodean. Lidiar con los berrinches de los niños pequeños es parte del trabajo de los padres, así que prepárese.

Esto no significa que usted tenga que aceptar todos los berrinches de su hijo pequeño sin corregir su comportamiento. Lidiar con los berrinches y cambiar su comportamiento para mejor es un aspecto esencial de la crianza positiva. Existen formas sencillas y eficaces de tratar los berrinches de su hijo pequeño sin tener que recurrir al castigo. A menudo, los padres gritan a sus hijos pequeños cuando hacen berrinches. Es importante entender el porqué del berrinche antes de gritar, y qué puede hacer para solucionarlo. Cuando tenga las respuestas a estas preguntas, mantener la paz en el hogar será más fácil, y también ayudará a su hijo a manejar sus emociones, reduciendo las posibilidades de comportamientos indeseables.

¿Por qué los niños pequeños se portan mal?

Esta es una pregunta común que muchos padres no responden o en la que ni siquiera piensan.

Visualice este escenario. Su hijo de dos años empieza a gritar en el supermercado, diciendo: «¡Mamá, quiero caramelos!». Le dice que se calme y que no puede comer caramelo. Antes que nada, empieza a gritar y llorar como si no hubiera mañana. Usted mira con horror, tratando de entender qué pasó mientras todos en la tienda observan. Su pequeño niño se ha convertido en el centro de atención, y usted está totalmente desconcertado. Este es un escenario común que probablemente todos hemos visto. No piense en ello como un fracaso de su parte como padre, pero es hora de considerar por qué su pequeño se comporta mal.

Todos los llantos, gritos, gruñidos, quejidos y patadas son parte de los berrinches de los niños pequeños. Estas son quizás las únicas formas en que los pequeños pueden comunicarse con los adultos que los rodean. Recuerde que su hijo aún no ha aprendido a comunicar eficazmente lo que siente. A los dos o tres años de edad, los niños pequeños comienzan a imponerse y a comunicar sus gustos y aversiones. También intentan actuar con la mayor independencia posible. Durante este período, los niños pequeños también desarrollan habilidades de comunicación para expresar lo que quieren o necesitan, o sus ideas. Es un período de crecimiento, pero el niño pequeño todavía es demasiado joven para entender la lógica y le cuesta entender los conceptos de autocontrol y paciencia. Así que, incluso palabras aparentemente inofensivas como «no» o «no lo hagas» pueden desencadenar berrinches.

En este rango de edad, los niños pequeños están aprendiendo a manejar sus emociones fuertes. Incluso a los adultos les cuesta manejar sus emociones grandes; ¿se imagina lo abrumador que es para un niño pequeño? Por ejemplo, podemos darnos el lujo de explicar lo que sentimos y las razones. Sin embargo, un niño pequeño todavía está aprendiendo a hacerlo. Si llora o hace un berrinche, es probablemente la única manera que conoce de comunicarse. No significa que los berrinches sean aceptables. Sin embargo, comprender las razones por las que se comporta así es un punto de partida.

No se apresure a concluir que su hijo es un malcriado porque hace berrinches. Los bebés no tienen absolutamente ninguna conciencia sobre nada al momento de nacer. A medida que crecen, aprenden cosas nuevas. Un niño de dos años podría haber aprendido a caminar. Probablemente quiere explorar el mundo, está aprendiendo y afinando sus habilidades motoras, y ha adquirido vocabulario. Armado con todo esto, el niño buscará oportunidades para mejorar sus habilidades y usarlas.

Entonces, ¿cuál parece ser el problema? Mientras hacen todo esto, los niños pequeños buscan el apoyo, la seguridad, la comodidad y el estímulo de sus padres. Un niño pequeño podría estar orgulloso de su trabajo artístico. Sin embargo, el padre o la madre pueden estar molestos al descubrir que el lienzo de la obra de arte de su hijo es la pared recién pintada de la sala de estar. Puede que intente levantarse en su silla, mientras el padre lo retira y lo coloca en el suelo. Los padres hacen estas cosas tratando de proteger a su hijo pequeño, quien puede sentirse frustrado de que, en lugar de animarlo, todos sus esfuerzos se encuentren un «No», «¡Alto!» «¡No hagas eso!» y así sucesivamente. Como padre, puede que no se dé cuenta, pero todas estas cosas conducen a la decepción, ira, frustración y mucha confusión interna. Básicamente, su hijo está lidiando con un montón de emociones extrañas y no la está pasando bien. Si su hijo hace un berrinche, piense que es una salida para sus emociones fuertes.

Si su hijo se derrumba porque usted no entiende sus palabras, dice que sí cuando quiere decir no, se molesta, tira sus juguetes, no le gusta conformarse con sustitutos y actúa mal cuando se frustra, significa que está luchando para hacer frente a sus emociones. También está aprendiendo a afirmar su independencia. Básicamente significa que está tratando de hacer más cosas por su cuenta, pero se molesta o se frustra cuando no puede o se le impide hacerlo. Por ejemplo, no se sorprenda si su hijo pequeño grita cuando intenta ayudarle porque está haciendo un desastre al comer. ¿Qué cree que salió mal? Como padre, probablemente esté intentando ayudarle a comer. Desde la perspectiva de un niño pequeño, le está quitando su independencia. Las razones de los berrinches de los niños pequeños son a menudo simples y obvias. Todo lo que se necesita es un poco de paciencia para entenderlo. Una vez que entienda la razón, abordar y prevenir tales colapsos se hace más fácil.

Incluso la ciencia respalda estas afirmaciones. Cada vez que su hijo pequeño es superado por una emoción poderosa como la ira, la frustración o la decepción, su amígdala (parte del cerebro), el centro de las respuestas emocionales, se dispara. Esto libera una ráfaga de hormonas de estrés que intensifica aún más las emociones del niño. La angustia se desencadena en forma de discordia emocional, como la angustia física que uno podría experimentar. A menos que se desarrolle el córtex prefrontal del cerebro, la región que regula las emociones fuertes, el niño no puede controlarse completamente. Esta región está todavía en desarrollo, y por lo tanto, los niños pequeños hacen berrinches.

Otro aspecto de la biología cerebral que debe ser considerado: el área de pensamiento del cerebro no madura completamente hasta que el individuo llega a mediados de los 20 años. Esta es otra razón por la que no solo los niños pequeños, sino también los mayores, tienen problemas para regular sus emociones. Los niños pequeños de entre tres y cinco años pueden tener tales berrinches, ya que son una salida para las emociones. Una vez que le enseñe a su pequeño a regular sus emociones, los berrinches se resolverán.

Hay miles de millones de neuronas presentes en el cerebro al nacer. Estas neuronas necesitan estar conectadas para facilitar el pensamiento racional y lógico. Sin embargo, los bebés solo tienen unas pocas conexiones neuronales (o «sinapsis»). Las sinapsis ayudan a regular las emociones y facilitan el pensamiento, el razonamiento y la toma de decisiones, y solo se desarrollan a través de las experiencias de vida. La comprensión y la regulación de las emociones durante un berrinche o un arrebato ayudan a establecer las tan necesarias conexiones sinápticas. Si su hijo pequeño aprende a manejar sus emociones sin sentirse abrumado, las vías neuronales desarrolladas en su joven cerebro permanecerán con él a medida que crezca.

Una vez que aprenda a barajar las opciones y manejar el estrés, le será más fácil volverse asertivo e independiente más adelante en la vida. Si no se le dan las oportunidades adecuadas o se le niega la oportunidad de regular sus emociones, se perjudicará su desarrollo emocional y mental. Por ejemplo, si castiga a su hijo pequeño por tener un arrebato o hacer un berrinche, le impide aprender a manejar el estrés y otras emociones. El niño podría internalizar sus sentimientos y suprimir ciertas emociones, lo que más tarde puede causar graves problemas emocionales y mentales. No se trata solo de internalizar los problemas; externalizarlos a través de comportamientos agresivos o el abuso de sustancias más tarde en la vida es indeseado. Esta es una de las razones por las que los años de la infancia se consideran los años formativos de la vida de una persona. Por lo tanto, es esencial que los padres se ocupen de los arrebatos y berrinches de sus pequeños sin castigos.

Lidiando con los berrinches de los niños pequeños

Ahora que entiende las razones de los berrinches de un niño pequeño y la química del cerebro cuando suceden, veamos unos simples consejos para lidiar con ellos.

No intente razonar

Un error común que los padres cometen cuando lidian con el arrebato de su hijo es tratar de razonar con él. No se puede razonar con el niño durante un berrinche. Su niño pequeño no entenderá, y mucho menos escuchará, un razonamiento lógico. En lugar de frustrarse por esto, tome un descanso. No se involucre en el conflicto, pero *sáquelo* de cualquier situación que pueda causarle daño. Deje que el berrinche siga su curso, y habrá mucho tiempo para explicaciones más tarde. Su hijo pequeño no está en condiciones de escuchar nada de lo que usted diga. Así que, ahorre su energía y evite que la situación se agrave al no entrar en discusiones.

Use distracciones

La capacidad de atención de un niño pequeño es limitada; se distrae fácilmente. Puede usar esto a su favor. Si su niño pequeño está molesto porque no puede salir a jugar, distráigalo preguntándole si quiere jugar con su juguete favorito. La oferta debe ser algo aceptable para usted. No ofrezca distracciones como una forma de resolución emocional. Piense en ello como un medio para calmar a su niño pequeño.

Manténgase calmado y positivo

Es fácil perder la calma o enfadarse cuando su hijo pequeño hace un berrinche. Si todos en la habitación estuvieran gritando y chillando, ¿ayudaría? No, eso solo empeoraría la situación. Para evitarlo, mantenga la calma, la compostura y la actitud positiva. Su hijo es sensible a sus emociones y vibraciones. Si se altera, solo intensificará las emociones que siente, que desencadenaron el berrinche. Le hará bien recordar que usted es el adulto y que debe actuar como tal. Mantenerse calmado y positivo difiere de ceder. No tiene que sonreír, pero no frunza el ceño ni parezca decepcionado.

Restablecer el equilibrio emocional

El cerebro emocional de un niño pequeño es como el pedal del acelerador de un coche, y el cerebro pensante es el freno. Vivir la infancia es como conducir sin frenos. Ahora, un berrinche es un coche desbocado. Para detener este tipo de comportamiento puede ofrecer un abrazo. El acto físico de abrazar amorosamente a su hijo durante un berrinche es como desconectar la transmisión en un coche que se ha dado a la fuga sin frenos. No crea erróneamente que dar un abrazo es una recompensa por su comportamiento. En cambio, piense en ello como una herramienta para desconectar el sistema de transmisión.

La próxima vez que su hijo llore, grite, patee y mueva los brazos, intente abrazarlo. Este gesto físico evita que continúe o se haga daño accidentalmente. Comunique el mensaje simple, «Te queremos y te entendemos». Nunca subestime el poder del abrazo; funciona.

No use el castigo

Nunca castigue a su hijo por hacer un berrinche. Si lo castiga cuando hace berrinches, creerá que no debe expresar sus emociones y puede suprimirlas. Visualice este escenario: tiene mucho dolor hasta el punto de empezar a retorcerse en el suelo. Si un ser querido le grita o castiga por expresar su dolor, ¿cómo se sentiría? Lo más probable es que se sienta más miserable que antes. Además, ¿cuál es el mensaje que recibirá? Probablemente sienta que los demás no se preocupan por usted y son desconsiderados con sus sentimientos. La próxima vez que su hijo haga un berrinche, recuerde este escenario. Un principio de la crianza positiva es ver las situaciones desde la perspectiva de su hijo en lugar de la suya. Cada situación puede verse desde múltiples perspectivas. Al cambiar de perspectiva, usted obtiene una mejor comprensión de lo que su hijo puede estar sintiendo.

Por lo tanto, no lo castigue. Mejor, corrija suavemente su comportamiento más tarde. Si cree que un berrinche no terminará pronto y que requiere una intervención, dele un tiempo fuera positivo. El tiempo fuera positivo difiere del rincón de pensar. En un tiempo fuera positivo, usted trasladará físicamente a su hijo desde el entorno que desencadenó el berrinche a un lugar tranquilo y pacífico. Siéntese con él durante este período, y simplemente esté allí. Se calmará, y una vez que se calme, podrá volver a hablar con él.

Enseñar vocabulario emocional

Los niños pequeños a menudo hacen berrinches porque no pueden lidiar con todas las emociones que sienten y experimentan. Puede reducir los berrinches enseñándole vocabulario emocional o mejorando sus habilidades de comunicación. Incluso si no puede reducir inmediatamente el número de estos incidentes, le enseñará a manejar mejor la situación. Durante el berrinche no intente enseñarle vocabulario para que se exprese mejor; en cambio, permítale que se calme y deje que el tornado emocional se asiente. Por ejemplo, si su hijo pequeño hizo un berrinche porque se le negó algo, puede explicarle diferentes formas en las que podría expresarse mejor la próxima vez.

Después de que se calme, puede narrarle las circunstancias que lo llevaron al berrinche y cómo se comportó. Usar palabras sencillas para explicarle esto a su hijo ayuda a desarrollar importantes conexiones neuronales necesarias para manejar situaciones emocionales. También puede intentar explicarle cómo se siente cada vez que hace un berrinche. Por ejemplo, puede decir: «Me siento triste cuando haces un berrinche».

Se pueden enseñar sentimientos simples como la ira, la tristeza, la felicidad, la excitación y el disgusto. También puede usar personajes imaginarios y sus peluches favoritos para explicar todo esto. Por ejemplo, podría hacerle cosquillas, y cuando ambos se rían, podría decir que esto significa ser feliz. De la misma manera, si alguien llora, significa que está triste. Al enseñarle estas simples palabras, mejora su capacidad de lidiar con sus emociones mientras expresa sus necesidades.

Prevenir un berrinche

Prevenir es siempre mejor que curar, lo mismo ocurre con los berrinches. Aquí hay un simple acrónimo que puede usar para prevenir un berrinche o reducir su aparición. El acrónimo es HALT, y significa hambre, ira, soledad y cansancio (por sus siglas en inglés). Hay ciertos factores físicos como el cansancio y el hambre que pueden desencadenar un berrinche. No solo los niños pequeños, incluso los adultos tienden a ponerse de mal humor cuando tienen hambre o están cansados. Aunque solo ocurra uno de los factores físicos que se mencionan en la sigla, actuará como un desencadenador. La forma más sencilla de evitar todas estas cosas es establecer una rutina adecuada a la hora de acostarse para que su hijo duerma bien. Asegúrese de que su hijo esté bien alimentado y de que sus comidas y meriendas sean a tiempo. Si se da cuenta de que se ha agitado, sin razón aparente, podría ofrecerle un refrigerio. Otros factores como el aburrimiento, el estrés, la decepción, la frustración y la ira también pueden desencadenar los berrinches.

Por ejemplo, si sabe que su hijo se sentirá decepcionado si no lo lleva al zoológico como lo prometió, asegúrese de tener una alternativa en mente. Cuando llegue el momento, ofrézcale una distracción igualmente buena. Tal vez puedan ir al parque, jugar su juego favorito o ver una película juntos.

Todos los consejos de esta sección se basan en los sencillos conceptos de la crianza positiva. No use estos consejos solo durante un berrinche; ¡úselos para prevenirlos en primer lugar! Si le enseña a su hijo sobre las emociones y la comunicación, le será más fácil entender qué necesita. También ayudará al niño a calmarse pues sabrá que le entiende.

Capítulo siete: Fomentar la creatividad y la imaginación

Los niños pequeños son creativos e imaginativos. Pueden carecer de pensamiento lógico y razonamiento, pero lo compensan con su creatividad e imaginación. Como principal cuidador de su hijo, anímelo a desarrollar y explorar el potencial de su creatividad, recordando que este don también es crucial para la resolución de problemas. En el capítulo anterior, hablamos de que el córtex prefrontal está en fase de desarrollo durante la infancia. Cuanto más ejercita sus músculos mentales, más fuertes se volverán. Esta sección ofrece juegos y actividades sencillas para que su hijo mejore su creatividad e imaginación.

Cuando su hijo tenga 24 meses, su creatividad e imaginación se desarrollarán a pleno rendimiento. Es probable que sea muy entretenido y divertido ver cómo desarrolla estas características. Podría dejar caer una mancha de pintura en un trozo de papel y llamarlo gato o agitar una pajita y fingir que es un caballero. Probablemente podría decirle que planea visitar la luna con tal convicción que pone una sonrisa en su cara.

Los niños pequeños pueden no entender la lógica o el pensamiento racional, pero ciertamente compensan todo esto con la imaginación. Para aprender, la imaginación es una herramienta poderosa que puede mejorar sus habilidades en general. Puede mejorar las habilidades sociales, verbales y de pensamiento de su hijo con juegos de fantasía. Puede narrarle escenarios, leer historias juntos o representar personajes de sus dibujos animados favoritos usando juguetes para crear «espectáculos». Lo mejor de fomentar la creatividad de su hijo es que es el primer paso para enseñarle a resolver problemas. A menos que pueda pensar de manera diferente, lidiar con los obstáculos de la vida puede ser un poco abrumador.

Explorar la imaginación y creatividad también le da la oportunidad de entender cómo es el mundo de los adultos. Sus inclinaciones artísticas pueden afinar sus habilidades motoras, mientras que el tiempo de juego puede enseñarle la importancia de los equipos. Todas estas cosas le dan las herramientas para expresar sus emociones y sentimientos. A menos que se le dé una oportunidad, el niño no podrá explorar su potencial. ¡Aquí es donde los padres deben intervenir y ayudar a su pequeño a explorar!

Durante la infancia, un objetivo primordial es fomentar la creatividad y la imaginación de su hijo. No importa si desea seguir desarrollando estos talentos más adelante; ayudará a preparar su mente para responder preguntas, resolver problemas y será más ágil mentalmente. La mente también es un músculo, y cuanto más se ejercita, más fuerte se vuelve. No se necesitan materiales o juguetes caros para enseñar todas estas cosas. Todo lo que se necesita es un interés verdadero y elogios para aumentar la creatividad. Incluso simples accesorios como crayones, marcadores de colores, papeles y agua serán útiles. No solo su hijo disfrutará de esto, usted también. Cada vez que jueguen juntos, les dará la oportunidad de crear un vínculo. Este vínculo permanecerá con él para siempre, y es algo que disfrutará y buscará. Usted está ayudando a su hijo a crecer y aprender, y le está dotando de importantes habilidades para la vida.

Aquí hay formas sencillas de animar a su hijo a explorar su lado creativo y dejar que su imaginación se desborde.

Pase más tiempo jugando con su pequeño. Siempre que juegue, asegúrese de seguir su ejemplo y déjele creer que es el líder. Ya sea el caballero de brillante armadura luchando contra el malvado dragón o volando a la luna en su «cohete» de cartón, simplemente sígale el juego. Anímelo lo que más pueda durante este período. Deje que invente la historia, y tal vez pueda ayudar y ofrecerle ideas. Evite la tentación de intervenir y guiarlo sobre cómo se supone que debe hacer las cosas. Esta interacción y apoyo creativos ayudarán a su hijo a crecer.

Otra gran manera de involucrarlo es realizar las tareas domésticas juntos como un equipo. Puede ser pintar una habitación o guardar la comida. Las actividades domésticas sencillas son una gran idea para crear vínculos. También le permite enseñarle habilidades para resolver problemas sin depender de otros. Por ejemplo, si necesita pintar una habitación, pueden pintarla juntos. No espere la perfección de su parte, pero sin duda disfrutará pintando la pared; después de todo, es un gran lienzo.

A veces, su hijo buscará su ayuda o asistencia. La respuesta puede ser simple, y usted estará tentado a solucionar el problema por él. En lugar de eso, tome distancia y déjelo explorar las diferentes opciones disponibles. También puede hablar del problema para animarlo a que de sugerencias e ideas. Permítale poner en práctica estas ideas y ver por sí mismo si funcionan. Si no logra completar la tarea, puede intervenir y aconsejarlo. No realice la tarea por él, pero deje que ponga en práctica la idea que le dio. Si a él se le ocurren algunas ideas y sugerencias, elógielo y aliéntelo. Sin embargo, no se pase con los elogios, o pronto se acostumbrará a los elogios excesivos, lo cual es problemático.

Vivimos en un mundo dominado por los aparatos. Una forma sencilla de animar a su hijo a explorar su creatividad es enseñarle fotografía. Puede darle su smartphone o tableta y enseñarle a hacer clic, guardar y editar fotos. Una vez que haya entendido el truco, establezca un límite de tiempo y déjele explorar los alrededores. Si toma buenas fotos, dígale que hizo un trabajo fantástico. También puede enseñarle cómo mejorar sus habilidades fotográficas.

Otra forma de estimular el pensamiento creativo y la imaginación de su hijo es jugar a los escenarios posibles. Por ejemplo, puede preguntarle qué haría si fuera un personaje de su dibujo animado favorito o si tuviera superpoderes. Puede preguntarle: «¿Qué harías si fueras Superman por un día?». Espere pacientemente sus respuestas y prepárese para ser sorprendido. Cuando haga esto, no ridiculice sus respuestas e ideas. En vez de eso, únase a él y dígale lo que le gustaría hacer.

A los niños les encanta salir con sus padres. La próxima vez que vayan a visitar el museo local o el zoológico, hable con su hijo antes de la salida. Pase un rato y cuéntele las diferentes cosas que podrá experimentar en aquel lugar y qué podrá ver. Por ejemplo, si van al zoológico el fin de semana, cuéntele sobre diferentes animales. Cuando vaya al zoológico, puede señalar los animales y preguntarle sobre lo que compartió con él antes. También es una gran manera de entusiasmarlo con la excursión.

Jugar con agua es divertido. Puede enseñarle a hacer burbujas con una solución de jabón casera. ¡A los niños les encantan las burbujas! Dele una pajita, enséñele a hacer burbujas y empiece un divertido juego. También puede enseñarle sobre la luz y el arco iris usando una manguera de jardín. Sólo tiene que elegir un momento en que el sol brille. Vaya al jardín o al patio, tome la manguera y póngala en rociador. Si no tiene manguera, puede usar un atomizador para rociar un lugar que reciba luz directa del sol. Cuando la luz natural llegue al chorro de agua o al rocío, se formará un arco iris debido a la refracción de la luz. Puede que sea demasiado joven para entender lo que significa la refracción, pero disfrutará del arco iris.

La próxima vez que llueva, déjelo jugar bajo la lluvia. Vístalo con su impermeable y sus botas, dele un paraguas y déjelo divertirse. Está bien si se ensucia al pisar o se revuelca en el barro. Está bien que disfrute de pasar tiempo en la naturaleza. Le hará sentirse feliz, y todas las sonrisas y risas valdrán la pena al limpiar el desorden.

Intenten cocinar u hornear juntos. Si le encantan las galletas con chispas de chocolate, ¡intente hornearlas con él! Involúcrelo en esta actividad, y le encantará pasar tiempo con usted. También enséñele un poco de cocina.

Si hay un problema familiar simple, permita que su hijo busque soluciones. Por ejemplo, si el comedor está sucio a menudo o el salón está desordenado, pregúntele qué se puede hacer. No solo los adultos pueden resolver problemas; los niños pueden colaborar. Por ejemplo, si la pregunta es, «¿Qué podemos hacer con el desorden del salón?». Probablemente diría que hay que limpiar regularmente, o que hay que quitar ciertos elementos. Si recibe una sugerencia, dígale que aprecia sus aportes y vea si se puede implementar. Después de las sugerencias, anímelo a que le ayude a ponerlas en práctica.

Otra forma de aumentar su pensamiento creativo es hacerle preguntas simples. «¿Cuál es el único juguete que te gustaría que todos los niños del mundo tuvieran?» o «Si pudieras recibir un regalo cada día, ¿qué querrías?». La idea no es darle regalos o juguetes, sino hacerlo pensar en lo que quiere.

La próxima vez que vaya al supermercado, lleve a su pequeño. Permítale identificar las diferentes frutas, verduras y cualquier otro ingrediente que conozca. Por ejemplo, si su fruta favorita es la manzana, permítale tomar manzanas en el supermercado.

Salgan a dar breves paseos nocturnos. Déjele recoger guijarros, piedras, ramas, flores, etc., en sus paseos. Una vez en casa, pueden sentarse juntos e inventar una historia sobre todos los objetos que encontraron. Pueden hacer un álbum de recortes y escribir sobre los diferentes artículos que recogió. Si encuentra un guijarro brillante, ¡los dos pueden inventar una historia sobre una pista dejada por un personaje imaginario!

Anime a su hijo a elegir su ropa. Es una actividad sencilla, pero lo incitará a pensar en diferentes colores, patrones y combinaciones. Si elige una nueva combinación, pídale que se la ponga y pídale su opinión. Si le gusta, tómele una foto y póngala en su habitación. Si no le gusta, pregúntele qué cambiaría.

Si su hijo se siente mal con alguna acción, no le diga que no importa. En vez de eso, pregúntele por qué le molesta y cómo puede mejorar. Al hacerle pensar de forma independiente, aumentará su confianza en sí mismo. Una vez que identifique una razón y crea que es la correcta, elógielo y felicite sus esfuerzos.

Aunque siga todos los consejos expuestos en esta sección, hay algunas cosas que nunca debe hacer, nunca interfiera y después no se haga cargo. Puede ofrecer orientación, pero eso es todo lo que debe hacer. Si su hijo comete un error, permítaselo. La experiencia es un excelente maestro, y él aprenderá de sus experiencias. Si su hijo no está cerca de lastimarse físicamente, no interfiera. Al permitirle tomar sus propias decisiones, sentirá confianza e independencia.

Capítulo ocho: Construir la autoestima y la confianza

La mayoría de los niños pequeños son inherentemente confiados y sorprendentemente independientes. A medida que crecen y exploran el mundo, sus rasgos se desarrollan también. Sin embargo, no todos los niños pequeños tienen que ser seguros e independientes. Algunos también pueden estar en el otro extremo del espectro. No hay dos niños iguales. Todos se desarrollan a su ritmo. No se preocupe si su pequeño no parece tan seguro de sí mismo como le gustaría. Hay diferentes consejos y estrategias para desarrollar su nivel de confianza. Sí, no solo los adultos necesitan un poco de ayuda con estas cosas; también los niños pequeños la necesitan.

La autoestima es el valor propio respecto al mundo, mientras que la confianza es la capacidad de creer en sus habilidades para hacer cosas. Estos dos conceptos están interrelacionados. Si su hijo no tiene confianza, puede parecer retraído, desinteresado y tímido. El mismo comportamiento aparece si su autoestima está un poco baja. La buena noticia es que usted puede ayudar a aumentar estas dos cosas en su pequeño. Cuanto antes empiece, mejor será. Aquí hay consejos que le serán útiles.

Consejos para aumentar la confianza en sí mismo

Validación

Buscar la validación es una tendencia natural, y su hijo pequeño no es una excepción. Por lo tanto, tenga en cuenta validar sus sentimientos y no los deseche. Si es un poco tímido, acéptelo y valide su comportamiento. Si no valida sus sentimientos, lo está incitando a retraerse aún más. Cuando habla de ello, le permite hablar de las emociones y de cómo puede manejarlas también. Por ejemplo, si nota que es tímido cuando conoce a gente nueva o va a lugares nuevos, esté al tanto de sus sentimientos. Podría decir algo como, «Entiendo que te sientes un poco tímido cada vez que vamos a nuevos lugares». Después de esto, no olvide asegurarle que está bien sentirse tímido, y que hay formas de lidiar con ello. También podría decirle que a veces usted se siente tímido, y cómo lo trabaja.

No etiquetar

No etiquete a su hijo como tímido o nervioso. Si lo hace, la etiqueta tomará forma real. Además, estas etiquetas forman el hábito de hacer que su hijo se cuestione a sí mismo en cada paso del camino. Si sigue llamándolo tímido, es probable que se comporte de manera tímida. Una mejor forma de decirle esto es diciéndole: «Está bien sentirse tímido». En lugar de decir que es tímido, está mencionando una emoción específica.

Reconocimiento

Si nota que su pequeño está haciendo algo nuevo o intentando algo por primera vez, no olvide elogiar sus esfuerzos en lugar de concentrarse en los resultados. Si se da cuenta de que el esfuerzo vale, su voluntad de esforzarse aumenta. También le quita el miedo al fracaso. Sí, incluso los niños sienten esto. Si sabe que a menudo se siente tímido en lugares nuevos, pero está dispuesto a hablar con alguien, elogie su esfuerzo. Dígale que aprecia lo que está haciendo.

El refuerzo positivo es una gran manera de enseñarle buen comportamiento. Los elogios que reciba de usted actuarán como un incentivo.

Modelo a seguir

Como los niños aprenden copiando el comportamiento de quienes les rodean, es hora de empezar a representar buenos comportamientos. Muéstrele cómo ser seguro y confiado. Incluso cuando se sienta inseguro o frustrado por algo, no desfallezca, y asegúrese de llegar a una conclusión lógica. Esta es una gran manera de mostrarle a su pequeño cómo ser resistente. Por ejemplo, si está frustrado con un proyecto en el trabajo, no se rinda. En vez de eso, intente lidiar con él lo mejor que pueda.

Un poco de preparación

La baja confianza también puede derivar de las incertidumbres sobre el futuro. Como el futuro es incierto y no se puede predecir, la mejor manera de eliminar esta incertidumbre es a través de la preparación. Si le está alistando para una nueva actividad, prepárelo para ella. Háblele al respecto, explíquele lo que hay que hacer, y muéstrele los beneficios que ofrece. Por ejemplo, si debe llevar a su hijo a una fiesta de cumpleaños, dígale lo que puede esperar. Una vez que sepa lo que puede esperar y la situación en la que se encontrará, estará mejor preparado para afrontarla.

Amor y aceptación incondicional

Los bebés comparten un fuerte apego emocional con sus cuidadores principales. Este vínculo nunca desaparece, y no se debilita a medida que crecen. Dependen de usted para el amor, la seguridad y el apoyo. Si le demuestra que es amado y aceptado incondicionalmente, tal como es, sin términos ni condiciones; le infunde confianza. También le muestra que será amado y apreciado sin importar lo que pase. Nunca subestime el poder de un abrazo genuino, una palmada en la espalda, o incluso un beso. Básicamente transmiten el sentimiento de que es un ser humano digno, y que puede ser amado tal como es. Si muestra su amor y aceptación solo cuando él hace algo bueno, creerá que necesita ser perfecto para conseguir amor y elogios. No lo haga. Eventualmente, creará comportamientos y actitudes indeseadas en el niño, y más importante, en el adulto en que se convertirá.

Aliento

Como con el amor y la aceptación, también el estímulo importa mucho. Cuando da aliento a la habilidad de su pequeño para resolver problemas, mejora su autoconfianza. Dele algunos problemas que sepa que puede resolver y permítale que los resuelva. Cuando resuelva el problema, ofrézcale algunos elogios e incentivos. Puede ser algo tan simple como armar un rompecabezas o aprender un nuevo juego. Si hace estas cosas con éxito, dele ánimos. Al poder terminar cosas solo, le infunde un sentido de confianza e independencia.

Conozca sus límites

Darle ánimo es importante, y usted debe animarle a enfrentarse a nuevas situaciones en la vida. Sin embargo, no lo presione demasiado. Del mismo modo, no debería ser sobreprotector. Aprenda a ser sensible sobre cómo animarlo y no cruce tales límites. Si es algo para lo que aún no está preparado, no lo fuerce. Si se pasa de la raya, le está llevando a que se retraiga más. Por ejemplo, si sabe que se siente incómodo en situaciones nuevas, no lo envíe al preescolar sin preparación. En cambio, haga estas cosas poco a poco. Cuando el cambio es gradual, su capacidad de adaptación aumenta. De la misma manera, no sea sobreprotector y no le impida probar cosas nuevas. Los niños tienden a no tener confianza cuando sus padres son sobreprotectores. Si sigue haciendo todo por él, nunca aprenderá a ser independiente. La falta de independencia también dañará su confianza.

Hora de decidir

Al darle a su hijo la oportunidad de decidir, le da la oportunidad de mejorar su confianza. Puede ser algo tan simple como decidir la ropa que quiere ponerse o la comida que quiere cenar. Incluso si la ropa no tiene sentido en conjunto, déjelo decidir. Cuando vea cómo le queda la ropa, puede que quiera cambiar de opinión. Al saber que puede decidir por sí mismo, tendrá una sensación de control, lo que mejorará su confianza.

Habilidad para decir no

Deje que su pequeño diga que no. Cuando diga que no, aprenda a respetarlo. No significa que le haga caso cada vez que diga «no». Solo significa que se le debe permitir hacer lo que quiere o no quiere hacer en ciertas situaciones. Por ejemplo, si su hijo pequeño dice que quiere usar sandalias, pero hace frío afuera, absténgase de decirle que no. Dígale: «Sentirás frío si te pones las sandalias hoy». Después, déjelo que lo haga. Mientras aprende las consecuencias de sus acciones, se sentirá más seguro. Cree situaciones en las que el «no» sea una respuesta perfectamente aceptable.

Un paso a la vez

Siempre que se trate de situaciones nuevas, asegúrese de dividirlas en pasos más simples para su pequeño, mientras que aumenta su confianza. Un cambio importante puede ser aterrador para él. Si no se puede adaptar a tal cambio, dañará su confianza. Por lo tanto, tome las cosas un paso a la vez. Por ejemplo, si necesita empezar el preescolar, empiece despacio. Puede visitar el preescolar, pasar algún tiempo allí, y tal vez asistir a una clase con él. Gradualmente, se sentirá cómodo por su cuenta, y no habrá nada de qué preocuparse. Además, cuando pase más tiempo con niños de su edad, su confianza mejorará.

Consejos para aumentar la autoestima

Uno de los mejores regalos que puede darle a su hijo es una noción positiva de sí mismo. La autoestima también es importante si quiere que se desarrolle como un individuo feliz y productivo. En esta sección, veremos unos simples consejos para mejorar su noción general de sí mismo.

En los capítulos anteriores, hemos hablado de por qué es importante darle opciones a su hijo. Asegúrese de que las opciones que le dé sean razonables y alternativas aceptables para el otro. Cuando le da opciones y se le deja elegir, le hace sentir que tiene poder y control. También aprende que tiene el control de sus acciones y de las *consecuencias posteriores*. Esta es una gran manera de enseñarle a tomar decisiones simples en la vida.

Nunca ofrezca ningún elogio falso o cumplidos innecesarios. Elogie los esfuerzos de su hijo cuando sea realmente necesario. En lugar de concentrarse en los resultados, elógielo por sus esfuerzos. Sin embargo, el elogio debe ser genuino y necesario. Por ejemplo, no diga que es el próximo Picasso cuando pinta algo. En vez de eso, puede decir, «Aprecio tu esfuerzo», o «Puedes ser un maestro con un poco de práctica». De esta manera, elogia el esfuerzo que se hace en el proceso, en lugar de ofrecer cumplidos falsos.

Otra gran manera de construir la autoestima es dándole responsabilidades apropiadas para su edad. Las responsabilidades simples para un niño pequeño incluyen guardar sus juguetes, ayudarle a organizar la mesa del comedor, o escoger su ropa. En el próximo capítulo aprenderá más sobre las diferentes tareas apropiadas para su edad. Al darle algunas responsabilidades en la casa, lo hace sentir como un miembro valioso y contribuyente del hogar. Este simple sentimiento contribuye en gran medida a fortalecer la autoestima.

Evite insultar a su hijo, etiquetarlo o usar comentarios sarcásticos. Si hace algo mal, dígale que lo que hizo no estuvo bien, y muéstrele cómo hacerlo correctamente. No lo insulte ni le diga cosas como: «Esto es estúpido» o «Qué tonto eres». Afirmaciones como esta pueden lastimar y poco a poco corroerán su autoestima y confianza. No tiene por qué gustarle todo lo que haga su hijo, pero hay una forma adecuada de mostrar su disgusto.

La mayoría de nosotros somos culpables de hacer comparaciones. Evite comparar a su hijo con los que le rodean. Si sigue comparándolo con otros, le hará sentirse desvalorizado, y esencialmente lo estará menospreciando. Cuestionará su valor personal, y eso arruinará su autoestima y confianza. Recuerde, cada niño es diferente, y cada uno crece a su ritmo.

Asegúrese de seguir los consejos de esta sección de forma consciente y consistente. No puede aumentar la autoestima o la confianza de su hijo de la noche a la mañana. Estos rasgos de personalidad son a menudo la culminación de una variedad de pequeños acontecimientos. Cada vez que su hijo pequeño completa una tarea o hace algo sin que se le pida, aumenta su sentido de autoestima y confianza. La recurrencia de estos sentimientos durante un tiempo aumentará su sentido general de autoestima, confianza e independencia.

Capítulo nueve: Formación de hábitos diarios positivos

Los hábitos no se forman de la noche a la mañana. Es un proceso continuo. Si hace una actividad específica repetidamente en un momento preciso, se desarrollará un hábito. La clave para desarrollar buenos hábitos es empezar de joven. Trabaje con su hijo pequeño y ayúdelo a formar buenos hábitos. Un aspecto importante es hacerlo diariamente.

Disciplina positiva para un hogar pacífico

Mantener la paz en el hogar es la quintaesencia para todos los miembros de la familia. Las constantes luchas de poder y los berrinches interrumpirán esta paz. La mejor manera de reducir el riesgo de cualquier disgusto en el hogar es establecer una rutina para su pequeño. Aprenderá más sobre ello en las secciones siguientes. Ahora, veamos formas sencillas de usar la disciplina positiva para crear un ambiente hogareño feliz y pacífico.

Ofrecer información

Los niños pequeños suelen comportarse así porque es la única forma que conocen para lidiar con la situación. Todavía no saben cómo procesar, manejar y expresarse de manera efectiva. Están aprendiendo, y tiene que ser paciente. Una gran manera de acelerar este proceso es ofrecerles mucha información para ayudarles a enfrentar la situación. Si nota que su pequeño se está portando mal, dele información. Proporcionar información no es cuestionarlo, enseñarle una lección o arreglar la situación. Es simplemente compartir cosas. Por ejemplo, si nota que su hijo pequeño se está poniendo de mal humor porque no puede ponerse la ropa de dormir, dígale: «Me doy cuenta de que te estás frustrando porque no puedes ponerte el pijama adecuadamente». O podría decirle: «Podría ayudarte, pero no quieres que lo haga. ¿Por qué no intentas usarlo de la otra manera y pruebas?». Al proporcionarle información con calma, le está ofreciendo una opción. Cuando le da esta información, esencialmente está tratando de entender su perspectiva de la historia. Una vez que tenga la información que necesita, será más flexible para escuchar sus indicaciones.

Los límites importan

Los límites importan mucho, y son como muros fuertes que mantienen las cosas innecesarias lejos de usted. Recuerde, su hijo aún está en la etapa de aprendizaje para lidiar con la frustración y los límites. Está trabajando para mejorar su confianza y autocontrol. Si su hijo pequeño hace un berrinche o se involucra en una lucha de poder con usted, significa que usted debe hacer un mayor esfuerzo para enseñarle a lidiar con las emociones fuertes que siente en lugar de cruzar sus límites.

Por ejemplo, su hijo podría hacer un berrinche cuando le sirva el jugo en otra taza. Antes de cada comida, dele dos opciones para que elija la taza de la que quiera beber. Una vez que la haya elegido, sírvale la bebida en esa taza. Si quiere cambiar o usar otro vaso, dígale que tiene que esperar hasta la siguiente comida. Esto le enseñará paciencia y le ayudará a lidiar con cualquier frustración que sienta. No importa lo que haya provocado el berrinche, tome distancia y ofrezca información.

Imagine este escenario. Gasta 300 dólares en una nueva mochila, se va a casa y se da cuenta de que no es la mochila que quería, y ahora quiere devolverla. Sin embargo, la tienda no tiene política de devolución. Le hará sentir frustrado y enojado. Estas son las mismas cosas que su hijo pequeño experimenta cuando se siente impotente e indefenso. Al darle opciones y algo de información, le hará sentir más control.

Probar los límites es común

Los niños pequeños son curiosos, y una gran manera de aprender es probando los límites de quienes les rodean. Si hace un berrinche o grita, use cada pizca de autocontrol, ya que debe mantener la calma. Perder la calma en este momento no será nada bueno para ninguno de los dos. En lugar de permitir que las emociones saquen lo peor de sí, tome el control. Recuerde, los límites que tiene son propios. Nadie puede invadirlos. Los niños pequeños pondrán a prueba sus límites. Esta prueba no significa que deba rendirse. Manténgalos sin invalidar las emociones de su hijo.

Los límites físicos también importan

Muchos padres creen erróneamente que los límites físicos no se pueden usar pacíficamente. No es más que un mito. Si se da cuenta de que su hijo se hará daño o a alguien a su alrededor, está bien aplicar los límites físicos. Por ejemplo, si su hijo pequeño levanta la mano para golpear a su hermano o a otro niño, puede agarrarlo suavemente del brazo para evitar que golpee a otros. Si nota que está intentando subirse al mesón de la cocina, extienda la mano para evitarlo. Los límites físicos son importantes. Si ve que su niño pequeño se levanta repetidamente de la cama después de que lo arropa por la noche, guíelo suavemente de vuelta a la cama. Estos son ejemplos sencillos, pero son efectivos e importantes para la seguridad y la salud. Es mucho mejor esto que permitirse cualquier lucha verbal de poder con él. No solo es suave, no socavará la confianza de su pequeño. Intente hacerlo lo menos posible, y siempre con amor, paz y suavidad.

Tareas para los niños pequeños

En este libro se ha mencionado repetidamente la importancia de crear una rutina para los niños pequeños. Una rutina no se trata solo de animarle a que se despierte, se cepille o se duerma en momentos específicos. Se trata de crear diferentes tareas que el niño pueda hacer durante el día. Es esencial que las tareas sean apropiadas para la edad del niño. Por ejemplo, esperar que el niño pequeño lave la ropa o corte las verduras solo hará que usted y su pequeño se sientan decepcionados. Para pensar las diferentes tareas que puede hacer su hijo, solo tiene que simplificar las tareas regulares que hacen los adultos y hacerlas apropiadas para su edad. Ya que estamos hablando de crear una rutina, las tareas que le dé deben formar parte de sus actividades diarias.

Cuando estas tareas o quehaceres sean parte de su rutina, él los hará automáticamente, como por ejemplo cepillarse los dientes. Si su hijo pequeño se niega a hacer la tarea cuando usted se lo pide, pueden intentarlo juntos. Lo más probable es que a su hijo le entusiasme que le asignen responsabilidades adicionales en la casa. Después de todo, él ve a sus padres y otros adultos realizar una variedad de actividades diarias. Ahora que tiene ciertas responsabilidades, también se sentirá como un adulto. Esto es algo que todos los niños anhelan, independientemente de la edad; todos quieren ser tratados como adultos. Al enseñarle las responsabilidades, se le muestra que ciertos quehaceres y tareas son parte de esa responsabilidad.

En esta sección, veremos algunas tareas simples para animar a su pequeño. Recuerde que tal vez tenga que enseñarle cómo debe realizarse la tarea un par de veces antes de que se acostumbre a ella. Antes de dejarla completamente en sus manos, lleve a cabo algunas pruebas y realicen juntos las tareas. Esta es una gran técnica para estrechar lazos también.

Ordenar la habitación

Anímelo a guardar sus juguetes después de la hora de jugar. Muéstrele cómo guardar sus juguetes y pídale que repita sus acciones. Prepare un espacio dedicado para todos sus juguetes y anímelo a que los guarde en el lugar designado. Esta simple tarea es muy importante para los padres y para la casa.

Guardar la ropa

Una simple tarea en la que puede involucrar a su pequeño es guardar su ropa. Anímelo a poner su ropa sucia en el cesto.

Limpiar después de las comidas

Pídale a su hijo pequeño que lleve su taza, tazón, plato o incluso algunos utensilios al lavavajillas después de la comida. Probablemente se los entregará, ya que no puede alcanzar el lavavajillas.

Hacer la cama

Otra tarea sencilla que puede darle al niño es mostrarle cómo hacer la cama después de despertarse. No tendrá las habilidades necesarias para lograr esquinas rígidas o doblar la manta, pero puede ayudar a reacomodar sus juguetes y a mullir las almohadas. Cuando usted y su pequeño trabajan juntos, le da la oportunidad de enseñarle el comportamiento ideal mientras fortalece el vínculo que comparten.

Guardar la ropa limpia

Después de doblar la ropa limpia, puede pedirle a su hijo que le ayude a cargarla. Puede darle una sola prenda de ropa o dos como máximo. No es necesario que las coloque en los cajones, pero puede ayudar a llevarlas.

Guardar la comida

Tan pronto como llegue a casa, pídale a su pequeño que le ayude. Desde lavar las verduras hasta ponerlas en la nevera, estas son pequeñas formas en las que puede contribuir.

Su hijo estará encantado de hacer estas tareas con usted. Esto es lo que hacen los niños grandes, y podría entusiasmarlo con estas tareas diciéndole lo mismo. Mientras le asigna una tarea, no se precipite. Permítale explorar todo a su ritmo. Todavía está aprendiendo las formas del mundo. Cuando note que ha terminado la tarea, no olvide elogiarlo. Si lo sorprende haciendo la tarea por su cuenta sin recordárselo, prémielo. No exagere, pero tampoco sea tacaño. Si él sabe que hace algo que usted aprecia, ayudará a reforzar su comportamiento positivo.

Cuando le dé ciertas responsabilidades en la casa y le dé la libertad de realizarlas como él crea conveniente, ayudará a aumentar sus niveles de confianza en general. Su autoestima también aumentará. Cuando su comportamiento positivo se refuerza, su voluntad de completar las tareas aumenta. Puede tardar un tiempo hasta que entienda el truco. Mientras tanto, debe tener paciencia. No olvide enseñarle cómo hacer la actividad antes de asignarle la responsabilidad. Si comete algún error, corríjalo suavemente y con amor, sin regañarlo o avergonzarlo. Si tiene preguntas sobre la actividad, respóndale de la mejor forma y no se irrite.

Además de las actividades mencionadas en esta sección, hay otras tareas en las que su hijo puede participar. Desde quitar las malas hierbas del jardín hasta limpiar el polvo o trapear, poner la mesa, limpiar la mesa, vaciar el lavavajillas, limpiar las verduras, etc., hay muchas formas en las que puede convertirse en un miembro activo de la casa. Al alentarlo a participar en las actividades del hogar, le enseñará a ser autosuficiente e independiente desde una edad temprana. Estos dos rasgos son muy importantes en el mundo real, y es una gran manera de asegurar el desarrollo general de su hijo.

Una cosa simple que nunca debe olvidar es manejar sus expectativas. Aunque la tarea le parezca sencilla, recuerde que está tratando con un niño pequeño. Aprenda a manejar sus expectativas con base en sus habilidades. Por ejemplo, él puede ayudar a poner su ropa sucia en el cesto, pero no puede esperar que cargue la lavadora o doble su ropa. Puede involucrarlo mientras usted hace estas cosas para que aprenda de sus acciones. No se olvide de apreciar sus esfuerzos; después de todo, él se esfuerza al máximo.

Crear una rutina

Los adultos no necesitan una gráfica de su rutina, pero probablemente ayudaría tenerla. Al tener una rutina específica, se sabe lo que hay que hacer en un momento dado. No se pregunta, «¿Qué hago ahora?». Es como poner la rutina diaria en piloto automático. Una gráfica de la rutina de su pequeño funciona de la misma manera. Después de todo, aún está aprendiendo, y para facilitar las cosas, se usa la gráfica.

También es una gran manera de enseñarle a manejar su tiempo y su vida en general. Cuando su hijo pequeño tiene una rutina específica, le permite experimentar diferentes actividades sin estimulación excesiva. Si le dice constantemente a su hijo pequeño lo que necesita o debe hacer, puede resultar frustrante para ambos. En lugar de ello, ponga todas las tareas que debe hacer en un cuadro.

Un error común que muchos padres cometen es olvidar que su principal responsabilidad hacia su hijo pequeño es volverse obsoleto. Puede que no suene agradable, pero debe asegurarse de que su hijo pueda cuidarse a sí mismo. Cuando le da ciertas responsabilidades en casa, le hace sentirse independiente. Al completar tales actividades, se sentirá más seguro. Estos sentimientos permanecerán con él durante toda su vida. Sin embargo, esto no significa que un cuadro de rutina sea infalible. A veces, él cometerá un error, opondrá resistencia y habrá muchos desafíos en el camino. Sin embargo, proporciona una forma racionalizada de lidiar con todas estas cosas sin darse por vencido.

La forma más simple de evitar las discusiones por la mañana o a la hora de dormir es usar esta herramienta. Siéntese con su niño pequeño y pregúntele todas las cosas que necesita hacer antes de irse a dormir. Por ejemplo, si su ritual para dormir incluye un baño caliente, cambiarse de ropa de noche, contar cuentos con sus padres, cantar una canción de cuna, etc., tome nota. Pregúntele qué más le gustaría añadir. Si tiene algún cambio que hacer, considere sus sugerencias, y úselas como ideas útiles.

Al permitir que su hijo pequeño forme parte de este proceso, al crear su gráfica de rutina, se sentirá más seguro y capaz. En lugar de decirle lo que tiene que hacer, puede señalar este cuadro y preguntarle qué debería hacer. Por ejemplo, una actividad sencilla para antes de irse a la cama por la noche, puede ser preguntarle qué ropa quiere ponerse al día siguiente. Una vez que elija la ropa, se reducirá la molestia de vestirse por la mañana. Esto es muy útil, especialmente si va a la guardería o va a asistir al preescolar.

Aquí hay un ejemplo simple de una tabla de rutina

- 7:30 a. m. - Despertar

- 8:00 a. m. - Ir al baño y cepillar los dientes

- 9:00 a. m. - Desayuno

En resumen:

- Empiece a crear un gráfico de rutina con su pequeño.

- Pregúntele qué le gustaría hacer e incluya estas tareas en los gráficos.

- Siempre que su pequeño realice una tarea, tome una foto de él haciéndola y colóquela junto a la actividad.

- No se desvíe de los gráficos de rutina, cíñase a ellos tanto como pueda.

- No añada ningún premio innecesario; concéntrese solo en completar la tarea.

No hay descansos cuando se trata de ser padre, y ser padre de un niño pequeño es una responsabilidad de tiempo completo. Utilice estos consejos para ayudarle a ambos y evitar cualquier disgusto en casa.

Capítulo diez: Dejando atrás la niñez

Los niños crecen rápidamente. Puede parecer que fue ayer cuando vio a su bebé por primera vez, y ahora, está cerca de comenzar el preescolar. Puede que uno se pregunte a dónde se fue todo ese tiempo. Ver a su hijo crecer y desarrollarse es emocionante y apasionante. El cambio rara vez es fácil, pero se puede manejar eficazmente con un poco de planificación y preparación.

Dejar atrás la infancia trae una variedad de cambios. Lo mejor que puede hacer como encargado principal de su hijo es anticiparse a estos cambios y prepararse para ellos. La preparación ayuda a eliminar la incertidumbre y la ansiedad asociadas a los principales hitos de la vida, como el inicio del preescolar. En este capítulo, aprenderá diferentes consejos que puede seguir para ayudarle a usted y a su hijo a prepararse para el final de la etapa infantil.

Preparación de su hijo pequeño

Su niño pequeño aprende y crece; el cambio es una parte importante de este proceso. No se haga a la idea de llevar a su hijo al preescolar en el último momento. En lugar de ello, prepárelo poco a poco para ello. Si se asegura de que se entusiasme con este cambio, será más fácil y positivo. Aquí hay ideas simples que puede usar para aumentar su entusiasmo y prepararlo mentalmente para el fin del mundo de los niños pequeños.

Si a usted y a su hijo les gustan los cuentos para dormir, incluya cuentos sobre preescolares. Hoy en día, hay diferentes libros disponibles sobre el preescolar, elija uno que le atraiga. Pueden sentarse juntos, leer los cuentos o incluso elegir un libro de cuentos interactivo. Explíquele el cuento y pregúntele qué opina del personaje que va a ir al preescolar. Asegúrese de mantener siempre una actitud positiva al respecto.

Como se mencionó en el capítulo anterior, los niños pequeños son creativos e imaginativos. Una forma sencilla de acostumbrarse a ir al preescolar, aprovechando su creatividad e imaginación, es jugar a fingir. Puede utilizar juegos de fantasía y animarlo a explorar la posibilidad de ir al preescolar. Pueden turnarse para fingir que son el niño, el padre y el maestro. Desde representar una rutina diaria, como levantarse por la mañana, desayunar, ir a la guardería y decir adiós a la lectura de cuentos, la hora del círculo, las siestas y el juego al aire libre, hay diferentes actividades en las que puede trabajar. Ayudará a tranquilizar a su hijo pequeño, ya que el preescolar no difiere mucho de la estancia en casa. La única diferencia es que puede conocer a otros niños. También puede hacerle entrar en calor con la idea de crecer diciendo «los niños grandes van al preescolar». Si él tiene alguna pregunta o preocupación al respecto, asegúrese de abordar con cuidado y paciencia todas sus preocupaciones. Aprenderá más sobre esto en las siguientes secciones.

Asegúrese de llevar a su hijo al preescolar y explorar los alrededores antes de empezar. Un recorrido por el preescolar, el patio de recreo y las diferentes actividades que realizan lo preparará para los próximos eventos.

Hay varias pequeñas habilidades que su hijo necesita perfeccionar antes de ir al preescolar. No se preocupe si aún no entiende el truco, pero lo hará cuando vaya. Los niños son curiosos y aprenden mejor cuando ven a otros de su edad hacer las mismas cosas. Una forma sencilla de aumentar sus habilidades es con un juego. Las habilidades simples que puede enseñarle son ponerse la mochila, bajarse la cremallera del abrigo, probarse los zapatos, etc. Por ejemplo, crear una carrera contra reloj. Puede usar un cronómetro para comprobar cuánto tiempo tarda en ponerse los zapatos. Si necesita llevar el almuerzo o los bocadillos al preescolar, acostúmbrenlo a comer de una lonchera. Puede hacer algunos «picnics» y fingir que está en el preescolar. Esto le dará la oportunidad de abrir su lonchera, desenvolver sus bocadillos, etc.

Si le preocupa que no pueda ver a sus padres, hermanos o mascotas, puede darle una fotografía de la familia para que la lleve al preescolar. También podrá hablar de su familia con sus compañeros y maestros.

Preparándose a sí mismo

Se avecina un hito importante cuando su hijo está por empezar el preescolar. Habrá una variedad de emociones conflictivas en su mente. Usted estará emocionado por la diversión que su hijo tendrá, y el nuevo viaje que está emprendiendo. Al mismo tiempo, también es natural que los padres se sientan un poco tristes y ansiosos de que su hijo esté creciendo. ¡Él era un pequeñito hace unos meses! Todas estas emociones son comunes, y todos los padres las experimentan. Sin embargo, con algo de preparación, la transición se hará más fácil.

Preparar a su hijo para el preescolar es tan importante como prepararse a sí mismo. Sí, incluso los padres necesitan prepararse emocional y mentalmente para el momento de la separación. Hasta ahora, probablemente estaba acostumbrado a pasar todo el tiempo con su niño pequeño. Ahora que se acerca el preescolar, debe acostumbrarse a pasar un tiempo lejos de él. Tal vez la parte más difícil de esto es el primer adiós. Asegúrese de mantener un tono positivo y optimista. Si su hijo nota su aprensión, también se sentirá asustado. Por lo tanto, piense en una rutina de despedida especial en la que pueda besarle en la palma de la mano y decirle que se aferre a ella todo el día, o un abrazo especial antes de que se vaya. Asegúrese de resistir a la necesidad de volver al preescolar y rescatar a su hijo. Este es un paso importante para él, y es la quintaesencia en su viaje a la edad adulta. El primer paso es muy importante, y por lo tanto, asegúrese de ser cariñoso, amable, solidario y compasivo con él.

Para ayudarle con los nervios de la primera despedida y la ansiedad por la separación en su primer día de preescolar, espere un rato antes de despedirse (unos 15-20 minutos) para asegurarse de que la transición sea fácil para su pequeño. También puede explorar el entorno del aula con su hijo pequeño para asegurarse de que esté cómodo. Por lo general, *a los padres les cuesta más que al niño pequeño aceptar el cambio.*

Lidiar con las preocupaciones

Comenzar el preescolar es un cambio importante para su hijo pequeño, y puede que tenga preguntas, preocupaciones o incluso inquietudes al respecto. Todas estas cosas son naturales, y debería fomentar discusiones abiertas y honestas al respecto. Hay dos pasos sencillos para abordar sus preocupaciones e inquietudes. El primer paso es escuchar lo que su hijo tiene que decir, y el segundo paso es notar cualquier mensaje no verbal que pueda estar comunicando

Ser un buen oyente

Es posible que su hijo no sea capaz de articular completamente lo que siente. Sin embargo, eso no significa que no tenga preocupaciones. Cuando empiece a hablar con usted sobre ello, no se olvide de sus preocupaciones ni las califique de tontas. Al mismo tiempo, no se precipite ni lo tranquilice sin escuchar lo que tiene que decir. Puede ser tentador tranquilizarlo y calmar sus preocupaciones, pero escucharle también es importante. No importa cuán grandes o pequeñas sean sus preocupaciones, son sus preocupaciones, y si no lo escucha, simplemente invalidará sus sentimientos. Si un adulto escucha sus preocupaciones, especialmente uno de sus encargados principales, ayudará a mejorar su autoestima y confianza. Imagine cómo se sentiría si alguien descartara sus preocupaciones como una tontería.

Cuando su hijo habla de sus preocupaciones es necesario ser paciente. Si tiene alguna preocupación o inquietud cuando empieza el preescolar, puede influir en su experiencia general. Para asegurarse de que tenga la mejor experiencia posible, su mente debe estar libre de preocupaciones. Podría haber algunas preguntas simples como «¿Será amable mi profesor?» «¿Seré capaz de hacer amigos?» «¿Y si no me gusta?» o «¿Y si te olvidas de recogerme?». Estas preocupaciones pueden sonar tontas para un adulto, pero son bastante aterradoras para su pequeño. Por lo tanto, sea un oyente paciente y compasivo.

Háblele de los diferentes sentimientos que puede estar experimentando. Dígale que está bien sentirse feliz, asustado, emocionado o incluso preocupado. Una vez que le hable de estos sentimientos, le ayudará a aliviar sus preocupaciones. Incluso los adultos nos sentimos mejor cuando nos dicen que nuestras preocupaciones son comunes, ¿no es así? Hable con su hijo y dígale que está bien sentir una variedad de emociones cuando empezamos algo nuevo. Puede darle ejemplos de su vida para que se sienta más cómodo. Los niños a menudo piensan que los adultos no experimentan sentimientos y emociones como ellos. Puede que haya habido momentos en los que, de niño, pensara que sus padres «no lo entendían». Bueno, los tiempos han cambiado, y los papeles se han invertido. Podría compartir sus propias experiencias. Incluso decir, «Cariño, está bien tener miedo. Incluso mamá se asusta cuando debe hacer algo nuevo», puede ser útil. Si mantiene estas conversaciones mientras sigue los consejos mencionados en las secciones anteriores, le ayudará a sentirse más cómodo para ir al preescolar.

Ser un buen observador

Los niños pequeños son habladores. A pesar de lo mucho que hablan, la mayoría de los niños de 3 años no son buenos para explicar lo que sienten o sus preocupaciones. Por lo tanto, observe su comportamiento. Los niños actúan cuando hay un cambio importante involucrado, e ir al preescolar es uno de esos cambios. Las diferentes maneras de actuar incluyen retirarse de sus actividades habituales, aferrarse excesivamente o ser agresivos. Cuando los niños se enfrentan a un cambio importante en su estilo de vida, puede haber una regresión en ciertas áreas. Por ejemplo, su pequeño puede estar entrenado para ir al baño, pero si nota que tiene accidentes, es un signo de regresión. Esencialmente significa que no está lidiando bien con un cambio importante, y está causando cambios drásticos en otros comportamientos establecidos. Si nota que le pide constantemente que lo alimente o lo vista, también es una señal de que no lo está llevando bien. Los padres pueden sentirse un poco frustrados cuando notan el comportamiento agresivo de sus hijos pequeños. También puede creer que si sigue ayudándolo, no hará estas cosas por sí solo o se olvidará de los comportamientos deseados.

El mejor curso de acción es simplemente dejar que pase por esta fase, y así terminará. Durante este período, todo lo que él necesita es su apoyo, amor incondicional, estímulo y mucha paciencia.

Los conceptos de disciplina positiva y crianza no terminan una vez que su hijo empieza el preescolar. Las técnicas y consejos básicos que se tratan en este libro pueden utilizarse para la crianza de niños de todas las edades. Lo único que necesita cambiar es la forma en que las aplica. Por ejemplo, ofrecer opciones, información, comunicación de emociones y comprender las perspectivas del niño puede utilizarse tanto si se está criando a un niño pequeño como a un adolescente. Por lo tanto, nunca deje de usar la disciplina positiva y se sorprenderá gratamente al ver que su pequeño se convierte en un adulto seguro de sí mismo, independiente y con modales maravillosos.

Conclusión

Ahora que repasó las diferentes sugerencias, consejos, técnicas y estrategias de este libro, su idea de ser padre cambiará. Aprender sobre la crianza positiva y aplicar los principios de la disciplina positiva ayudará a criar a un niño feliz, seguro de sí mismo y bien adaptado a la vida. También ayudará a fortalecer el vínculo que comparte con su pequeño. Su hijo puede ser la niña de sus ojos, pero a veces las cosas se ponen difíciles. La paternidad no siempre se trata de diversión y juegos. Tiene que alternar entre los papeles de ser un policía bueno y uno malo.

Para los niños, sus padres no solo son sus guardianes y encargados, sino también sus amigos, mentores y modelos a seguir. La mayoría de las cosas que los niños aprenden son a menudo de sus padres. Por lo tanto, desempeñar el papel de padre es importante y crucial en el desarrollo de su hijo. Al dar un buen ejemplo, usted estará animando a su hijo a seguirlo. Tratar con un niño no significa que tenga que levantar la voz o repartir castigos. En cambio, se trata de comunicarse con su hijo y evitar ciertos comportamientos haciendo que se dé cuenta de la diferencia entre los buenos y los malos comportamientos.

La disciplina es un área con la que muchos padres luchan. Si usted se enfrenta a la culpa en este aspecto, no se preocupe. Querer a su hijo significa también disciplinarlo. La disciplina es la forma más simple de asegurarse de que no haga nada que lo ponga en peligro. Desde aprender a manejar los berrinches hasta arreglar cualquier mal comportamiento y desarrollar la autoestima y la confianza, la disciplina positiva es muy útil.

En este libro, se le presentaron consejos y técnicas sencillas que puede seguir para entrenar a su hijo a ir al baño con éxito. Si la hora de acostarse parece una batalla ardua y cada noche le hace sentir agotado y cansado, pruebe cualquiera de las tácticas de entrenamiento del sueño que se discuten en este libro. Además de esto, hay una simple regla que siempre debe recordar: la crianza positiva comienza en usted y con usted. Cuanto antes empiece, mejor será usar estas tácticas para criar a su pequeño.

Ahora que ya tiene toda la información que necesita, el siguiente paso es implementar las estrategias, sugerencias y consejos simples de este libro. Recuerde que la crianza de los hijos es un proceso continuo. Requiere mucha paciencia, consistencia, esfuerzo, dedicación y amor incondicional. Una vez que todos estos elementos estén en su lugar, espolvoréelos con disciplina positiva y *voilá*, podrá criar a su hijo pequeño para que sea un niño feliz, bien adaptado y seguro de sí mismo.

Vea más libros escritos por Meryl Kaufman

MERYL KAUFMAN

ENTRENAMIENTO PARA USAR
EL BAÑO

Una Guía Esencial Paso a Paso para que su
Hijo Pequeño deje el Pañal Rápidamente,
Incluyendo Métodos Especiales
para Niños y Niñas

Recursos

10 soluciones de crianza positiva para lidiar con los berrinches de los niños pequeños. (2017, 31 de julio). Sitio web de los Centros de Cuidado Infantil del Club de Niños: https://www.kidsclubchildcare.com.au/parenting-solutions-for-toddler-tempers/

Consejos para entrenar a su hijo para dormir. (n.d.). Sitio web del Bebé más Feliz: https://www.happiestbaby.com/blogs/toddler/toddler-sleep-training

Barakat, I. (2017, 10 de marzo). Disciplina Positiva y Orientación Infantil | Viviendo Montessori. Sitio web de la Comunidad Educativa Living Montessori: https://www.livingmontessori.com/positive-discipline-and-child-guidance/

Bellefonds, C. (2018, 4 de diciembre). ¿Pesadilla o Terror Nocturno? terrors/

Bilich, K. (n.d.). 12 problemas comunes de entrenamiento para ir al baño. Sitio web de los padres: https://www.parents.com/toddlers-preschoolers/potty-training/problems/12-common-potty-training-problems/

Bhandarkar, S. (2013, 18 de noviembre). Disciplina Positiva 101: Cómo disciplinar a un niño de una manera que realmente funcione.

Un sitio web para padres: https://afineparent.com/be-positive/positive-discipline.html

Brill, A. (2017, 17 de noviembre). Cómo corregir el «mal» comportamiento de un niño con una crianza positiva. Sitio web materno: https://www.mother.ly/child/practicing-positive-discipline-with-your-kids-is-not-only-possible-its-powerful

Eisenberg, N., Zhou, Q., Spinrad, T. L., Valiente, C., Fabes, R. A., &Liew, J. (2005). Relaciones entre la crianza positiva, el control forzado de los niños y los problemas de externalización: un estudio longitudinal de tres ondas. Desarrollo infantil, 76(5), 1055-1071. https://srcd.onlinelibrary.wiley.com/doi/abs/10.1111/j.1467-8624.2005.00897.x

Gagne, C. (2019, 2 de noviembre). Cómo detener el co-lecho: Una guía por edades. https://www.todaysparent.com/ sitio web: https://www.todaysparent.com/family/family-health/how-to-stop-co-sleeping-an-age-by-age-guide/

Godfrey, D. (2019, 25 de julio). Hora de acostarse sin lucha. Sitio web de Positive Parenting: https://www.positiveparenting.com/bedtime-without-struggling/

Cómo corregir el «mal» comportamiento de un niño con una crianza positiva. (2017, 17 de noviembre). Obtenido del sitio web de Motherly: https://www.mother.ly/child/practicing-positive-discipline-with-your-kids-is-not-only-possible-its-powerful

Cómo realizar el entrenamiento para ir al baño: La guía de prácticas positivas de inodoros. (n.d.). www.kindercare.com sitio web: https://www.kindercare.com/content-hub/articles/2015/january/toilet-training-the-guide-to-positive-potty-practices

Jones, A. (2019, 21 de junio). 12 técnicas de crianza positiva para hacer del entrenamiento para ir al baño un evento pacífico. Sitio web de Romper: https://www.romper.com/p/12-positive-parenting-techniques-for-potty-training-according-to-experts-18020415

Li, P. (2016, 17 de diciembre). Crianza positiva - 8 consejos para disciplinar de forma feliz. Sitio web de Parenting For Brain: https://www.parentingforbrain.com/what-is-positive-parenting/

MONTESSORI EN CASA: Ejemplos de disciplina positiva y qué hacer [Video YouTube]. (2019). https://www.youtube.com/watch?v=SckUevGH-Pk

Neppl, T. K., Conger, R. D., Scaramella, L. V., &Ontai, L. L. (2009). Continuidad intergeneracional en el comportamiento de los padres: vías de mediación y efectos en el niño. Developmental psychology, 45(5), 1241-1256. https://doi.apa.org/doiLanding?doi=10.1037%2Fa0014850

Novak, S. (2018, 27 de junio). Consejos para el entrenamiento para ir al baño. Sitio web de What to Expect: https://www.whattoexpect.com/toddler/potty-training/how-to-start-potty-training/

Phillips, R. (n.d.). Toddlers 101: Understanding Toddler Development. Sitio web de Parents: https://www.parents.com/toddlers-preschoolers/development/behavioral/toddlers-101-understanding-toddler-development/

Berrinches a todas las edades: ¿Qué es normal? (2020, 19 de febrero). Página web de Positive Parenting Solutions: https://www.positiveparentingsolutions.com/parenting/tantrums-at-all-ages

Los niños pequeños y el comportamiento desafiante: Por qué lo hacen y cómo responder. (2019). Sitio web de ZERO TO THREE: https://www.zerotothree.org/resources/326-toddlers-and-challenging-behavior-why-they-do-it-and-how-to-respond

Mamá Cansada Supermamá - Proporcionando Apoyo en la Crianza Positiva. (n.d.). Sitio web de Mamá Cansada Supermamá: https://tiredmomsupermom.com/

Desarrollo del niño pequeño. (2019). Sitio web de Medlineplus.gov: https://medlineplus.gov/toddlerdevelopment.html